KB210913

경영의

신

2

경영의 신

2

정혁준 지음

달섬북스

고향에 계신 아버지께 이 책을 바칩니다.

당신이 남겨준 정신적인 유산이 있었기에

이 책은 나올 수 있었습니다.

한 방울까지
혼을 담아라

일본 혼슈 끝자락에 위치한 와카야마 현의 와카야마 시에서 동쪽으로 8킬로미터쯤 떨어진 시골마을 와사무라. 아들은 6남매 중 막내둥이로 태어났다. 아들이 태어났을 때 집안은 넉넉한 편이었다. 하지만 얼마 되지 않아 집안은 나락으로 떨어졌다. 가옥과 재산은 눈 깜짝할 사이에 남의 손으로 넘어가버렸다. 고단한 삶의 시작이었다.

농사일에 별다른 흥미를 느끼지 못했던 아버지는 미두에 손을 대기 시작하면서 조상에게 물려받은 토지와 집을 남의 손에 넘겨줄 수밖에 없었다. 1899년 겨울, 대저택에서 살던 가족은 가재도구만 챙긴 채 고향을 등져야 했다. 어린 아들은 초등학교도 졸업하지 못한 채 고향을 떠나 오사카의 화로가게 주인집 아들 돌보는 일을 해야 했다. 그런 아들은 독립해 전등회사에 들어가게 된다. 전등회사에서 배운 경험을 밑천으로 플러그와 포켓을 만드는 작은 사업을 시작한다. 작은 사업으로 시작했지만 결국 그는 일본 최대의 전자제품 회사를 만들었다. 바로 마쓰시타 고노스케였다.

1906년 일본 혼슈 중부의 시즈오카 현 이와다 군 고묘 마을에서 첫째 아들로 태어났다. 아들이 중학교에 입학할 무렵, 아버지는 돈이 안 되는 대장장이 일을 버리고 자전거 가게를 열었다. 자전거를 판매하며 중고 자전거를 개조해주기도 하고 부품 만드는 일도 했다.

아들이 중학교를 졸업할즈음 별 생각 없이 자전거 가게에 굴러다니는 자동차 잡지를 보다 도쿄에 있는 '아트상회'라는 자동차 수리공장의 구인광고를 보았다.

"앞으로는 자동차 시대가 될 거에요. 자동차를 공부하겠어요."

아들은 자동차 기술을 배우기 위해 도쿄로 가기 원했다. 아버지는 반대하지 않았다. 아들은 도쿄에서 자동차 수리공으로 일했다. 기계를 좋아하고, 기계를 잘 다루는 아들의 성격은 아버지에게 물려받은 것 같았다. 그는 바로 혼다 차를 설립한 혼다 소이치로였다.

1934년 1월 21일 일본 규슈 남단 가고시마 현 시로야마. 아버지는 중고 인쇄기계를 빌려 집에 들여놓고 인쇄업을 시작했다. 성실하게 일했기에 많은 주문을 받았다. 하지만 일본의 항복으로 전쟁이 끝나면서 집도 인쇄기도 불타버려 집안 형편은 날로 어려워졌다.

아들의 인생은 좌절의 연속이었다. 자신이 원하던 중학교 입학시험에 떨어졌다. 재수를 했지만 또 떨어졌다. 결국 눈높이를 낮춘 고등학교에 들어갈 수밖에 없었다. 고3 때 아들은 오사카대학 의과에 지원했지만 낙방하고 만다. 기회는 아들의 몫이 아니었다. 결국 지방의 가고시마대학에 입학한다.

지방대를 나온 아들에게 취업의 문턱은 높았다. 이곳저곳의 회사에 입사지원서를 냈지만 그를 반겨주는 회사는 없었다. 어렵사리 지도 교수의 도움을 받아 교토의 중소기업에 취직했지만, 그 회사는 부도나기 직전의 회사였다. 함께 입사한 동기생들 모두 다른 곳으로 떠나버렸다. 하지만 그는 끝까지 버티면서 기술을 배웠다. 그 뒤 아들은 새로운 회사를 차렸다. 그는 교세라를 세운 이나모리 가즈오였다.

마쓰시타 고노스케, 혼다 소이치로, 이나모리 가즈오. 이들의 아버지는 우리 주변에서 흔히 볼 수 있는 사람이다. 주식 또는 사업에 실패한 아버지, 시대에 맞게 새로운 사업을 하는 아버지, 욕심을 부리지 않고 현실에 맞춰 사는 아버지. 어린 시절 아들의 삶은 다른 이들과 크게 다르지 않았다. 그들은 모두 가난한 집에서 태어났다. 3명 모두 엘리트 출신도 아니었고 학벌, 능력이 뛰어난 것도 아니었다. 성공하기 전까지 고난도 많았다. 그들은 밑바닥부터 시작해서 CEO 자리까지 올라간 것이다.

그들이 다른 사람들과 다른 것은, 미래를 내다보았다는 점이다. 그들은 현실에 안주하지 않았다. 다음 시대를 이끌어갈 사업을 찾고 그 분야에서 지독하게 노력했다. 그렇게 열심히 일한 끝에 성공할 수 있었다. 그들이 성공한 사업분야는 바로 전기(전자), 자동차, 부품소재였다.

이들의 생활 터전이었던 지역적 스타일은 그들의 성공에 큰 영향을 미쳤다. 마쓰시타 고노스케의 활동무대는 오사카였다. 유럽에 '베니스의 상인'이 있다면 일본에는 '오사카 상인'이 있을 정도로 오사카는 상업이 발달한 도시였다.

일찍이 오사카는 '일본의 부엌'이라는 말을 들으며, 오사카에서 못 구하면 천하 어디에도 구할 수가 없다고까지 했을 정도로 상업이 번창했다. 오사카가 천하의 부엌임을 자임하는 데는 쌀을 비롯한 여러 음식이 풍부한 곳이라는 의미도 있지만, 그 말에는 일본 상업의 중심지라는 자부심이 녹아 있다. 지금도 100년 이상 된 점포가 500개가 넘을 정도로 장사 기질이 강한 곳이다.

오사카 상인은 하늘이 두 쪽 나도 반드시 신용은 지킨다는 자존심과 상도를 갖고 있으며, 일본 어느 지역보다도 위기극복 능력과 해외 문화에 대한 개방적인 태도를 갖고 있다.

이 도시는 정치 중심지였던 도쿄에 비해 정부의 권위에 아첨하지 않는 자유롭고 주체성을 중시하는 풍조가 남아 있다. 마쓰시타 고노스케 역시 '오사카 상인'다운 개방적이고 역동적인 기업문화를 만들어냈다. 변화의 흐름을 읽을 줄 아는 명민한 오사카 상인의 기질을 물려받은 것이다.

혼다 소이치로는 하마마쓰에서 태어났다. 이곳은 현재 시즈오카현에 속하지만 옛날에는 엔슈의 땅이라고 불렀다. 자주독립의 기풍이 강한 지방이었다. 하마마쓰 근교 출신으로 학력 없이 기술력만으로 성공한 산업계의 유명인사가 많다. 도요타의 창업자인 도요타 사키치도 시즈오카 현 출신이다. 혼다, 스즈키, 야마하. 일본 오토바이 시장을 삼분하는 회사의 창업자 모두 시즈오카현 출신이다.

도쿄나 오사카에서 멀리 떨어져 있는 하마마쓰 사람들은 자주독립의 의욕이 강한 데다 농보다는 공을 주체로 하는 지방색 때문에 독자적 합리주의가 뿌리를 내리고 있다.

이나모리 가즈오가 활동한 곳은 교토였다. 교토는 벤처 정신으로 무장하고 성장을 향한 새로운 창조를 모색해온 강소기업, 이른바 교토 기업의 발상지다. 교토 기업은 불황기 동안 소니 등 일본 경제의 주류를 이뤄온 '도쿄식 기업'보다 두 배 이상 성장했고 영업 이익률은 네 배 이상 높았다.

교토 기업의 특징은 무엇일까? '선택과 집중'이다. 사실 교토 기업은 세계 시장에서 더 빨리 인정받았다. 교토 기업 대부분은 1945년 이후, 즉 전후에 창업된 벤처 기업이다. 때문에 선발 기업이 이미 장악한 국내 시장을 비집고 들어갈 틈이 없었다. 정치권과 유착한 도쿄 기업들 사이에 끼고 싶은 생각도 없었다. 처음부터 세계 시장으로 나간 것이다. 외국에서 먼저 인정받고, 국내로 역진출해 성공 스토리를 만들어나갔다.

마쓰시타 고노스케, 혼다 소이치로, 이나모리 가즈오는 아버지와 지역적인 특성이 그들의 경영 스타일에 큰 영향을 미쳤다. 여기에 각자의 성품과 자질이 융합되면서 그들은 경영의 신으로 탄생하게 된 것이다.

2장 디테일은 신의 숨결이다

4장 실패했을 때 진짜 성공하는 법을 배운다

5장　전략의 법칙은 시대를 초월한다

1장

땀 한 방울의
중요성을 인지하라

마쓰시타 고노스케는 야마모토와의 계약을 통해 많은 위약금을 물어냈지만,

그에 버금가는 교훈도 얻었다. 상품을 판매하려고 생각한다면

유통을 공부해야 한다는 것이다.

희망은
만들어나가는 것이다

마쓰시타 고노스케는 1894년 11월 27일 일본 혼슈(本州) 남서부의 와카야마 현(和歌山縣)의 와사무라 마을의 유복한 농가에서 태어났다. 3남 5녀 중 막내였다. 그가 태어났을 때, 마을에 단 하나밖에 없는 중학교에 큰형이 입학했다. 막내아들은 집안에서 귀여움을 받고 자랐다. 유모에게 업혀 마을 앞 냇가에 나가 고기도 잡고 숨바꼭질도 하며 뛰어놀았다. 해질 무렵이면 자장가를 들으며 집으로 돌아오곤 했다.

청일전쟁이 막 끝났을 무렵, 일본은 수천 년 동안 머리를 조아렸던 중국과 조선 땅에서 전쟁을 벌여 승리했다. 일본은 전쟁 승리가 서양 문물을 받아들인 개화 때문이라고 여겼다. 일본 곳곳에선 서양 문명을 받아들이려는 열풍이 불고 있었다.

시골인 와카야마도 예외가 아니었다. 이곳에도 자본주의 시스템이 도입됐다. 쌀을 거래하는 미곡거래소가 설치되고, 쌀 시세에 돈을 거는 선물거래인 미두 사업이 성행하게 됐다. 지주 계급에 속하며 농사일에 별다른 흥미를 느끼지 못했던 아버지 마쓰시타 마사쿠스는 미두에 손을 대기 시작했다. 아버지는 집에서 10킬로미터 떨어진 미곡거래소를 매일같이 찾아갔다.

당시 일본의 경제 상황은 매우 불안정했다. 물가 급등락이 심했기에 선물거래는 상당한 리스크를 동반한 일종의 투기였다. 1987년에는 흉작으로 쌀 가격이 36퍼센트나 올랐으나, 그다음 해엔 반대로 33퍼센트나 폭락했다. 아버지는 시세와 정반대로 거액을 걸었다. 1899년 겨울, 대저택에서 살던 가족은 가재도구만 챙긴 채 고향을 등져야 했다.

오사카와 인연을 맺다

마쓰시타 고노스케가 6살 때 온 가족은 가재도구를 팔아 마련한 돈으로 와카야마 시내에서 신발가게를 차렸다. 겨우 입에 풀칠하는 정도였다. 학비를 낼 수 없어 큰형은 중학교를 중퇴하고 아버지 가게를 도와야 했다.

마쓰시타 고노스케는 선천적으로 몸이 허약했고 성격이 내성적이었다. 축제날이면 다른 아이들은 어린이용 기모노를 입었는데, 마쓰시타는 어른 것을 빌려 입어야 했다. 그때마다 그는 "다른 아이들은 자기 것을 입고 오는데 이건 어른 것이잖아. 난 싫단 말이야" 하며 투정을 부리곤 했다. 그는 그 시절을 떠올릴 때면 아버지와 어머니가 밤마다 은화를 이리저리 보던 모습과 배고픔에 허덕이던 기억이 난다고 회고했다. 당시엔 위조 주화가 많아 신발값으로 받은 은전을 가려내려고 골몰했기 때문이다.

아버지는 재기의 꿈을 버리지 못했다. 조금이라도 돈이 생기면 미련을 못 버리고 미두에 투자해 번번이 돈을 날렸다. 게다가 장사마저 잘되지 않아 2년 만에 가게 문을 닫게 되었다. 큰형은 방적회사 사무원으로 취직해 가계를 도왔지만 하루 끼니를 위해 온 가족이 이리 뛰고 저리 뛰는 생활은 계속됐다.

불행은 그것으로 끝나지 않았다. 18살이던 둘째 형이 전염병으로 세상을 떠났다. 이듬해 21살이던 둘째 누나도 병으로 세상을 등졌다. 같은 해 가계에 도움을 주던 큰형마저 24살에 결핵에 걸려 숨졌다. 셋째, 넷째, 다섯째 누나마저 병으로 죽었다. 가난으로 제대로 먹지 못한 데다 병원 치료를 제대로 못 받았기 때문이었다.

잇단 자식들의 죽음으로 아버지와 어머니는 큰 충격을 받았다. 부모의 기대는 하나 남은 마쓰시타 고노스케에게 쏠릴 수밖에 없었다.

초조해진 아버지는 여러 가지 일에 손을 댔지만 딱히 성공하지 못했다. 마쓰시타가 초등학교 2학년이 되던 해 아버지는 훌쩍 오사카로 떠났다. 오사카 맹아원에 직장을 얻어 떠나게 된 것이다.

어느 날 오사카로 떠난 아버지한테서 편지가 왔다. '오사카의 화로 가게에서 일하면 좋겠다'는 내용이었다. 마쓰시타가 겨우 9살 때였다. 그는 초등학교 4학년을 중퇴해야만 했다. 중퇴할 때 성적은 106명 가운데 45등으로 중간 정도였다.

러일전쟁이 한창인 1904년 11월, 그는 오사카로 출발하기 위해 역으로 갔다. 마쓰시타는 어머니와 헤어지는 서러움과 아직 가보지 못한 대도시 오사카에 대한 동경, 처음 하는 기차여행의 설렘이 엇갈리면서 뭐라 표현하기 힘든 기분을 느꼈다.

오사카에 도착하자 아버지가 기다리고 있었다. 그가 취직한 화로 가게는 주인을 포함해 2~3명의 직원이 일하고 있었다. 만든 제품을 가게에 진열해 놓고 파는 가내 수공업식의 가게였다.

마쓰시타는 화로가게에서 잔심부름도 하고 틈틈이 화로 닦는 일을 했다. 주인집 아이를 돌보는 건 그의 몫이었다. 급료는 1일과 15일 두 차례에 걸쳐 받았는데 한 달에 10센(전). 급여라기보다는 용돈에 가까웠다.

화로를 닦는 방법은 화로에 따라 제각각이었다. 처음에는 페이퍼로 닦고 다음에는 짚솔로 문질러 광을 내야 했다. 손등이 벗겨지고 부르트기 일쑤였다. 아침에 청소할 때면 상처에 물이 들어가 쓰리고 아팠다.

심부름과 아이 보는 일, 화로 닦는 일보다 더 견디기 힘든 일이 있었다. 그건 그리움과 외로움이었다. 밤에 가게 문을 닫고 잠자리에 누우면 고향에 있는 어머니 얼굴이 떠올랐다. 견딜 수 없는 그리움에 온밤을 꼬박 지새우기도 했다.

자전거 가게 점원이 되다

그는 3개월 만에 화로가게 생활을 끝내고 고다이상점이라는 자전거 가게로 옮겼다. 당시 자전거는 한 대당 100~150엔으로 미국제 혹은 영국제였기 때문에 웬만한 부자가 아니면 살 엄두도 낼 수 없었다.

그는 아침저녁으로 가게를 청소하고 진열장을 손질했다. 틈틈이 자전거를 수리하는 기술자들을 도와 잔심부름도 했다. 주인아주머니가 말하는 법과 인사하는 법, 손님 접대하는 법을 가르쳤다. 이렇게 1년이라는 세월이 흘렀다. 가게도 점차 자리를 잡아 직원이 4~5명으로 불어났다.

그때는 지지리도 가난했다. 주인은 명절이면 무명옷, 여름 축제 때는 홑옷, 겨울에는 겹옷 한 벌과 속옷을 곁들여주곤 했다. 용돈은

30~40엔. 아침에는 된장국과 채소절임이 고작이었고, 초하루와 보름에는 생선구이 한 토막이 더 오르는 정도였다.

어느 날 마쓰시타를 찾은 아버지가 이렇게 말했다.

"고노스케, 꼭 출세해야 한다. 예부터 훌륭한 사람은 모두 남의 집에 가서 아이도 봐주고 청소도 하면서 고생을 했단다. 그러니 지금힘든 것을 고생으로 생각하지 마라. 굳게 참고 견뎌야 해."

아버지는 재산을 탕진하고 아내와 자식을 고생시키는 것을 늘 미안해했다. 하지만 아들에겐 언제나 당당했다. 마쓰시타 고노스케가12살 되던 해 어머니는 큰누나를 데리고 오사카로 올라왔다. 큰누나는 읽고 쓸 정도로 교육을 받아서 회사 경리원으로 취직했다. 마침그곳에 급사 자리가 하나 비어 있었다.

"고노스케도 급사로 취직시키면 안 될까요? 밤에는 야간학교에 다닐 수도 있고……."

딸의 제안에 어머니도 반겼다. 어머니는 마쓰시타에게 의향을 물었다. 그 역시 어머니와 누나 곁에 있고 싶었다. 게다가 학교까지 다닐 수 있으니 남의 집에 얹혀사는 것보다 좋겠다고 여겼다.

그러나 아버지는 반대했다.

"네 어머니에게 말을 들었다. 나는 반대다. 너는 앞으로 장사로 출세해야 한다. 그게 너에게 적합한 일이니 딴생각 말고 이대로 있으면서 장사를 배우도록 해라. 편지 한 장 쓰지 못해도 다른 사람을 부리면서 훌륭하게 사업하는 사람들이 얼마든지 있다. 장사에 성공하면 얼마든지 훌륭한 사람이 될 수 있어. 다른 직장은 아예 생각하지 마라."

마쓰시타는 급사 자리를 포기해야만 했다.

자전거 가게를 찾아온 손님들은 마쓰시타에게 담배 심부름을 시키곤 했다. 그때마다 그는 기름 묻은 손을 씻고 담배가게로 달려가야 했다. 마쓰시타는 문득 이런 생각이 들었다.

'이건 시간 낭비. 차라리 한꺼번에 많이 사두었다가 손님이 찾을 때마다 내주면 어떨까? 일일이 사러 다닐 필요도 없고, 손님에게 빨리 갖다 줄 수도 있고.'

게다가 얼마간 이익도 생겼다. 담배 스무 갑을 사면 한 갑을 덤으로 주었기 때문이다.

하루는 자전거를 사고 싶다는 주문이 들어왔다. 마침 주인이 없어 마쓰시타가 고객과 상담을 하러 나갔다. 13살 때였다. 그는 고객에게 10퍼센트를 깎아주기로 하고 의기양양하게 돌아왔다. 그러나 주인의 불호령이 떨어졌다. 할인 판매를 금하는 주인의 영업 방침을 어겼기 때문이다.

심한 꾸지람을 들은 마쓰시타는 대성통곡을 하며 주인에게 사정했다. 얼마나 울었던지 주인은 결국 5퍼센트 깎아주는 것을 허락해주었다. 이런 경험은 후에 마쓰시타가 평생을 지켜온 '정가판매'에 큰 영향을 미치게 된다.

1909년 9월 대수롭지 않은 병으로 자리에 눕게 된 아버지는 불과 3일 만에 한 많은 생을 마쳤다. 마쓰시타는 슬픔으로 가슴이 메었다.

전기에 매료되다

오사카에 전차가 처음 등장한 것은 1903년. 1910년 무렵에는 시내 곳곳에 전차 공사가 한창이었다. 자전거로 시내 이곳저곳을 다니던 그의 눈에 전기라는 새로운 세상이 열리고 있었다. 전차에 탄 마쓰시타는 그 속도에 깜짝 놀랐다. '이렇게 편리한 전차가 있으니 자전거 수요는 틀림없이 줄어들 것이다. 앞으로는 전기의 시대다!'

자전거 가게 점원 일을 시작한 지도 6년이 지나 어느덧 열일곱 살이 되었다. 이 무렵 나는 내 진로에 대해 심각하게 고민했다. 당시 오사카는 시 전체에 전차를 운행한다는 계획을 세웠고, 일부 노선은 이미 개통된 상태였다. 전차가 생기면 자전거는 수요가 줄 것이고 반대로 전기 사업의 장래는 매우 유망해질 것이 분명했다. 나는 직업을 한번 바꿔 보기로 결심했다.
_마쓰시타 고노스케, 『영원한 청춘』

마쓰시타는 전기에 끌리기 시작했다. 그는 회사를 옮기기로 결심한다. 전기산업 분야로 직장을 옮기기로 한 결정은 그의 운명을 결정지었다. 전기회사로 옮기기로 결심했지만, 막상 자식처럼 돌봐주던 주인 부부에게 자전거 가게를 그만두겠다는 말을 꺼내기가 힘들었다. 고심 끝에 마쓰시타는 어머니가 위급하다는 전보를 자기 자신에게 보냈다. 그렇게 주인의 승낙을 얻어 자전거 가게를 그만두었다.

계속 가게에 있었다면 어느 정도 지위에 올라 중류층 생활을 할 수 있었겠지만 전기에 대한 열망은 그를 오사카전등회사로 이끌었다. 당시의 전기 사업은 전등 사업이 중심이었다. 당시 대부분의 사람들은 전기를 무서워해서 전기와 관련된 기구를 만지기를 두려워했다. 전기공이 공사하러 가면 특수 기술자가 온 것처럼 경외의 눈으로 보기까지 했다.

오사카전등회사에서 처음으로 그가 맡은 일은 옥내 배선 담당자의 조수였다. 초임은 월 1엔이었다. 몇 주간 수습기간을 거친 뒤 그는 옥내 배선 공사를 맡았다. 전등 수리를 위한 재료를 담은 손수레를 끌고 담당자를 따라 다니면서 하루에 5~6집의 전등 공사를 했다. 조수는 담당자가 손 씻을 물을 길어 오고, 담당자의 신발도 가지런하게 정리해놓아야 했다.

마쓰시타는 묵묵하게 열심히 일했다. 그리고 3개월 뒤에는 담당자로 승진했다. 그가 열심히 일해서 능력을 인정받은 이유도 있지만,

오사카전등이 신흥회사라는 이유도 있었다. 전등 수요가 급속히 늘어 승진 속도가 빨랐던 것이다.

승진하면서 월급도 함께 올랐다. 물론 관리직이나 사무직에 견주면 노동 강도는 훨씬 강했다. 작업설비가 열악했기 때문에 작업 도중 사망할 위험도 있었다. 그러나 그는 대저택의 배선 공사, 해수욕장이나 극장의 조명 같은 대형 공사를 담당하며 실력을 발휘했다.

7년 만에 퇴사해 사업을 시작하다

오사카전등회사에 다니던 마쓰시타는 20살이 되던 해 중매결혼을 한다. 맞선을 보는 날 그는 큰누나, 매형과 함께 맞선 상대와 만나기로 한 극장으로 나갔다. 그는 부끄러움을 타는 내성적인 성격이라 막상 상대 여자가 나타나자 고개도 제대로 들지 못했다.

주위 사람이 재촉을 해도 얼굴을 들지 못해 결국 상대 얼굴을 한 번도 보지 못했다. 그는 신부가 될 여자의 얼굴을 보지 못한 채 매형의 권유로 결혼을 결정한다. 아내는 이우에 무메노였다. 두 사람의 결혼은 이후 일본의 전자회사인 산요를 낳게 되는 결과를 가져온다.

결혼한 그해 그는 검사원으로 승진했다. 가장 나이 어린 검사원이었다. 담당자들의 선망의 대상인 검사원은 다른 직원이 공사한 전기

배선을 점검하는 일을 맡았다. 당시만 해도 전기를 다루는 일은 위험하다는 인식이 있었기 때문에 검사원은 존경을 받았다. 영화관 등을 공짜로 이용할 수 있을 정도였다.

검사원은 대개 하루 15~20곳의 현장을 돌았다. 하지만 마쓰시타는 이 일을 오랫동안 해왔기 때문에 한 번 보기만 하면 상태가 어떤지 금방 알 수 있었다. 오전 9시쯤 영업소를 나와 두어 시간이면 모든 일을 모두 끝마칠 수 있었다.

검사원이 되고 한두 달 지나고 보니 공허함을 느끼게 되었다. 전기 배선 작업을 할 때마다 절실히 느끼는 게 있었는데 전구를 끼우는 소켓(socket)을 접속하는 일에 시간과 품이 너무 허비되는 것이다. 가는 전선을 나사에 감아 돌려서 조이는 일이 좀체 잘 되지 않았기 때문이다.

그는 검사원이 되기 전부터 '전선을 나사에 감을 필요가 없는 소켓, 나사를 조일 필요가 없는 소켓'을 개발하고 싶었다. 수십 장의 소켓 도면을 그리고 시제품도 몇 번이나 만들었다. 마침내 나사에 감을 필요도 없고 나사를 조일 필요도 없고 접촉 불량도 일어나지 않아 짧은 시간에 작업을 끝낼 수 있는 소켓을 개발했다.

마쓰시타는 개량 소켓을 들고 주임을 찾아갔다. 주임은 담배를 입에 문 채로 힐끗 쳐다보며 말했다.

"이게 개량품인가?"

그러면서 소켓을 툭 집어던져 버렸다.

"틀렸어! 이 정도로는 과장님께 올릴 수 없어!"

"신통치 않은가요? 그게……."

"그래. 좀 더 머리를 써서 본격적으로 연구해봐!"

주임 앞에서 물러날 때 그는 크게 자존심이 상했다. 스스로 뛰어난 제품이라고 믿었던 만큼 분노와 실망도 컸다.

'좋아, 회사를 그만두자. 이 소켓이 쓸 만한가 아닌가를 실제로 시험해보자.'

회사를 그만둔다는 게 쉬운 결정은 아니었다. 7년이나 고생해서 검사원이 됐다. 게다가 아내가 있었다. 어느 날 일찍 집에 들어온 마쓰시타는 아내에게 농담처럼 말했다.

"회사를 그만두고 단팥죽 장사라도 시작했으면 하는데……."

"당신에게 그런 장사는 어울리지 않아요."

그러나 그는 회사를 그만두기로 결심한다. 1917년 6월 15일 사표를 주임 앞에 내밀었다.

"마쓰시타 군, 억지로 말리지는 않겠네. 하지만 자네는 검사원이 된 지 얼마 되지도 않았는데, 아깝지 않나?"

이렇게 말하는 주임에게 말없이 인사하고서 그는 오사카전등회사의 정문을 나섰다.

사표를 내고 사업을 시작했지만 막막했다. 그가 갖고 있던 돈은

7년 동안 근무한 회사의 퇴직금 33엔 20전과 회사 적립금 42엔과 저금 20엔, 모두 합쳐야 100엔도 채 되지 않았다.

그는 개량 소켓을 만들기 위해 자신이 살고 있는 셋집을 뜯어 개조했다. 한 칸짜리 방은 부부 침실로 삼고 두 칸 반짜리 마루를 뜯어내 작업장으로 만들었다.

사업은 악전고투의 연속이었다. 일손이 필요했다. 아내의 고향에서 막 소학교를 졸업한 처남 이우에 도시오가 오사카로 올라왔다. 마쓰시타 친구 2명도 회사를 그만두고 합류했다. 그들은 원료를 섞어 솥에서 가열해 돌절구로 찧고 수동프레스를 찍어 소켓을 만들었다. 처음에는 재료의 분량이나 비율은 물론 어느 정도나 가열해야 하는지도 몰랐다. 수백 번의 실패를 거듭했다. 넉 달이 지난 10월 중순 무렵에야 개량 소켓을 만들어낼 수 있었다.

하지만 개량 소켓은 참담한 실패로 끝났다. 그들은 개량 소켓을 들고 오사카 시내를 온종일 돌아다녔지만 한 개도 팔지 못했다. 가게 주인들은 듣도 보도 못한 곳에서 나온 제품을 사려 하지 않았다. 특허상품이라고 혀가 닳도록 설명했지만 헛수고였다.

마쓰시타의 친구 두 사람이 떠났다.

"마쓰시타, 우리는 지금까지 오사카전등회사라는 대기업 사원으로 큰소리치고 살았어. 세상의 모진 풍파를 모르고 살아온 셈이야. 이제 다시 오사카전등으로 되돌아가든지, 아니면 다른 살 길을 찾아야 할 것 같아……."

이런 절망적인 모습을 보고, 처남인 이우에 도시오도 말은 하지 않았지만 내심 후회를 하고 있었다.

'어쩌자고 이런 곳에 와서…….'

돈은 바닥나고 먹을 양식조차 없고 도와줄 사람도 없는 암담한 상황이었다. 아내 무메노는 마쓰시타 모르게 앞치마에 기모노, 반지를 숨겨 들고 전당포를 들락날락해야만 했다.

실패를 딛고 처음으로 이윤을 내다

마쓰시타의 첫 사업은 참담하게 끝이 났다. 하지만 그해가 저물어갈 무렵, 뜻밖의 행운이 찾아온다. 가와기타전기라는 선풍기 제조공장에서 자기로 만들었던 선풍기의 바닥판을 인조수지로 만들려고 하는데 제작이 가능하냐는 것이었다. 즉 선풍기를 지지하는 부품인 애자를 플라스틱으로 만들면 구입하겠다는 제안이었다.

개량 소켓을 영업하느라 이곳저곳 돌아다니다 보니, 마쓰시타가 플라스틱 부품을 만드는 기술이 있다는 소문이 퍼져 선풍기 제조공장에서 제안이 들어온 것이었다. 소켓 제작은 실패로 끝났지만, 소켓 판매 과정에서 들인 노력은 결과적으로 그를 구해준 셈이 됐다.

그는 재료를 혼합하느라 고약한 냄새를 풍기는 작업장에서 무메노가 만들어준 주먹밥이나 우동을 선 채로 먹으면서 쉴 새 없이 일해 1천 개의 제품을 만들었다. 비록 80엔 정도였지만 처음으로 이익을 낼 수 있었다.

이후에도 애자의 주문을 따내는 데 성공, 그로 인해 사업을 계속할 수 있었다. 어느 정도 자금을 마련한 그는 소켓을 다시 만들기로 했다. 작업장을 물색한 끝에 오사카의 조그마한 2층 집을 월세로 빌렸다. 회사 이름은 '마쓰시타 전기기구 제작소'로 정했다. 이날이 1918년 3월 7일, 바로 마쓰시타 전기의 창업일이다.

자전거 램프에 운명을 걸다

1918년 11월, 1차 세계대전이 끝난 뒤 일본에 심각한 불황이 몰아쳤다. 1920년 3월 주식시장의 대폭락은 기업 도산으로 이어졌고, 거리에는 실업자가 넘쳐흘렀다. 노동자의 해고가 곳곳에서 이어졌다. 임금은 떨어졌지만 노동시간은 오히려 연장됐다. 노동자 권익을 보호하는 법률은 전무했다. 이런 현실을 반영하듯 노동운동이 여기저기서 일어났다.

불황 속에서도 마쓰시타는 오히려 사업을 확장시킨다.

"세상이 온통 불경기라고 해서 세상의 끝이 닥친 것은 아니다. 불황이야말로 다시없는 확장의 호기가 아닌가."

사업이 어느 정도 궤도에 오르자 마쓰시타는 70평 규모의 자체 설비공장을 건설한다. 수중에 있는 자금은 4,500엔밖에 안 됐지만 여러 곳에서 어렵게 자금을 충당해 착수한 것이다. 공장이 45평, 사무실과 주택이 25평이었다.

1920년대 중반 자전거는 오늘날의 소형 자동차 정도로 활용되고 있었다. 그러나 밤이 되면 자전거는 무용지물이었다. 가로등도 흔하지 않던 시절이었기 때문에 밤에 자전거를 타기란 불편하기만 했다. 건전지를 사용하는 자전거 등(램프)도 있지만 기껏해야 두세 시간밖에 가지 않았고 고장도 잦아 실용적이지 못했다. 어떤 이들은 자전거 램프 대용으로 초를 사용하기도 했다. 하지만 초는 쉽게 꺼졌다.

마쓰시타 자신도 자전거를 즐겨 탔으므로 꺼지지 않고, 밝고 수명이 긴 자전거용 램프를 만들기로 마음먹었다. 자전거 가게에서 점원으로 일했던 경험이 그에게 사업의 기회가 된 것이다. 그는 직접 체험한 제품을 만들었기 때문에 고안하는 데부터 철저하게 실용성을 추구했다.

그날부터 닥치는 대로 자전거용 램프를 사와 분해해서 결점과 장점을 조사해보았다. 제품 개발에 들어가면 밥 먹는 것도 잊고 몰입하는 성격 탓에 연구에만 매달렸다. 100개에 가까운 시제품을 만들었다.

1923년 그는 건전지를 사용하는 자전거용 램프를 내놓았다. 제품은 수명이 40~50시간이나 될 정도로 성능이 좋았고, 성능 대비 가격 면에서도 이전 제품과는 비교 안 될 정도로 획기적이었다. 그는 제품을 들고 자신 있게 도매상들을 찾았다. 하지만 예상과는 달리 도무지 인기가 없었다.

'건전지 램프는 비싸고 쉽게 고장이 나서 인기 없다'며 도매상들은 손사래를 쳤다.

나는 이제 판매만 하면 될 것이라고 생각했다. 그러나 예상과 달리 판매가 가장 큰 난관이었다. 나와 거래하던 모든 도매상에서 램프를 받아주지 않았다. 그래서 도쿄에도 가져가 보고 거래가 없는 자전거 가게도 돌아다녔지만 상대해주는 곳이 없었다. 6월부터 제조한 제품은 재고품이 2천 개나 생겼다. 사놓은 전지도 자연 방전될 것이었다.

_마쓰시타 고노스케, 『영원한 청춘』

심혈을 기울여 제품을 만들었지만, 기존 자전거 램프에 대한 불신의 골은 너무나 깊었다. 사업 승패의 관건은 그런 불신의 이미지를 깨뜨리는 데 있었다. 기존 판매 방식으로는 한계가 있었다. 새로운 방식으로 도전해야 했다. 마쓰시타 고노스케는 역발상으로 시장을 창출한다. 그는 도매상이 안 되면 소매상이 있지 않겠느냐는 생각으로 램프를 무료로 한 집에 3~4개씩 돌렸다. 그중 램프 하나는 직접 켜놓았다.

"30시간 이상 가는지를 확인해보고 불량품이면 모두 수거해 가겠습니다. 제품이 안심되면 그다음부터 판매해주십시오. 제품이 팔릴 때까지 대금을 주지 않으셔도 됩니다."

그는 자전거 램프의 불신을 해소하기 위해 직접 뛰었다. 운명을 건 판촉활동을 진행하며 매일 조마조마한 마음으로 판매 동향을 지켜봤다. 얼마 후 자전거 램프는 오사카 자전거 가게와 전등가게 곳곳에 깔리면서 사람들의 관심을 끌기 시작했고, 야간에 자전거를 타는 불편을 느꼈던 사람들 중 일부는 제품을 구입하기에 이른다.

반응은 기대 이상으로 좋았고 제품은 입소문을 타고 퍼졌다. 구전 마케팅 방법이 성공한 것이다. 도매상의 주문이 크게 늘자 신문광고로 대리점을 모집해 판매 지역을 더 넓혔다. 이때 한 사람이 마쓰시타를 찾아온다.

오사카 상인을 알게 되다

그는 화장품 도매를 하고 있는 야마모토상점의 야마모토 다케노부

사장이었다. 그는 마쓰시타 고노스케에게 오직 장사 외곬으로 단련된 오사카 상인의 비정함과 강인함을 체험적으로 보여준 사내였다.

야마모토 다케노부는 10살 때 부두의 화장품 도매상에서 수습점원으로 일을 시작했다. 학벌도 배경도 없었으나 독립해 가게를 장만했고 1차 세계대전 때는 값싼 일본 제품을 수출해 크게 돈을 벌었다. 그 당시에 미국을 다녀오기도 했다.

야마모토는 마쓰시타보다 8살이 많은 36살이었다. 작은 체격이었지만 날카로운 눈빛에 두꺼운 입술을 가진 사내였다. 넉살 좋은 대담한 성격으로 누구도 호락호락 대하지 못했다.

야마모토는 마쓰시타에게 자전거 램프의 오사카 시내 독점 계약을 제안했다. 마쓰시타도 이를 받아들여 계약을 체결했다. 하지만 얼마 안 돼 문제가 불거졌다. 야마모토상점에서 판 램프가 오사카 인근 지역으로 유출되자 지방 도매상들이 개선을 요구한 것이다.

이에 마쓰시타가 개선을 제안하러 야마모토를 찾았다.

"야마모토 선생, 야마모토상점이 오사카 밖의 도매상에게 제품을 팔아서 저희 대리점들이 곤란을 겪고 있습니다. 오사카에 한정한다는 계약에 위반되는 것이 아닌가요?"

야마모토는 씩 웃으면서 말했다.

"바보 같은 소리 말아요. 오사카 시내 도매상에다 팔면 각 지방으로 흘러가는 건 당연하잖소. 그건 처음부터 누구나 다 아는 상식이

오. 유통 경로도 공부하지 않고 어떻게 사업가 행세를 하는지 모르겠구만. 계약 위반이 아니라 당신의 공부 부족이오!"

마쓰시타는 항의하러 갔다가 물러나야만 했다. 계약서에는 그런 내용이 포함되기 때문이었다. 야마모토의 주장에는 오사카 상인다운 논리가 있었다. 오히려 야마모토는 전국 판매권을 달라고 역제안을 했다. 한 달에 1만 개 이상 판다는 조건으로 계약 기간을 3년으로 하자는 것이다.

그리고 그는 어마어마한 계약금을 내놓는다.

"램프 1개가 1엔 25센이니까 1만 개를 한 달에 팔면 1만 2,500엔. 3년이면 어음이 36장이 필요하겠군."

이렇게 말한 뒤 그는 15개 은행에서 발행한 1만 2,500엔 어음 36장을 고노스케 앞에 늘어놓았다. 모두 45만 엔이었다. 어음 할인 수수료를 염두에 둔다 해도 고노스케는 40만 엔을 한꺼번에 받은 것이나 다름없었다.

1914년 완공된 도쿄 역의 총공사비가 280만 엔이었으니 당시 40만 엔이 어느 정도인지 대략 짐작할 수 있을 것이다. 고노스케는 홀린 듯 계약을 받아들인다.

하지만 제휴관계를 맺은 순간부터, 두 사람은 사소한 것부터 의견대립을 빚었다.

헨리 포드로 설득하던 마쓰시타

마쓰시타 고노스케는 당시 미국의 자동차 왕 헨리 포드에 푹 빠져 있었다. 그는 자신이 좋아하는 헨리 포드의 비즈니스 전략을 벤치마킹하고 싶어 했다. 포드처럼 대량생산을 통해 가격을 인하해 시장을 장악하는 것이었다.

그는 포드의 경영전략을 예로 들면서 가격을 더 내려서 단번에 시장점유율을 높이는 전략을 써야 한다고 야마모토에게 말했다. 하지만 야마모토는 제안을 단칼에 거절했다.

"마쓰시타, 그럴 순 없네. 이런 물건에는 유행이라는 게 있어. 3년 후에도 팔릴 거라고 생각해서는 안 돼. 나는 3년 동안 최대한 돈을 긁어모을 테니 그동안에는 아무런 말도 하지 말게나."

이처럼 의견대립을 겪던 두 사람은 결정적인 충돌을 빚게 된다.

마쓰시타 고노스케는 자전거에 붙이기도 하고 손에 들고 다닐 수도 있는 휴대용 램프를 만들려고 했다. 그러나 휴대용 램프를 만들더라도, 3년 동안의 판매권은 야마모토가 가지게 된다. 마쓰시타는 새로운 제품은 스스로 팔고 싶었다. 그러나 계약을 생각하면 그렇게 하지 못한다.

그래서 아이디어를 하나 냈다. 당시 자전거 램프는 자전거 가게와 전기제품 가게 모두에서 팔렸다. 마쓰시타의 아이디어는, 자전거 가게에서 파는 권리는 야마모토가 갖고, 전기제품 가게에서 파는 권리는 그가 가진다는 것이었다.

마쓰시타는 어렵게 야마모토를 찾았다.

"야마모토 선생, 오늘 찾아뵌 것은 다름이 아니라…… 제가 지금 휴대용 램프를 개발하고 있습니다."

"그런가 보더군요, 마쓰시타 사장. 당신의 개발 열정이 참으로 존경스럽습니다."

"휴대용 램프 판매에 관해 말하려 합니다. 자전거 대리점은 그전처럼 야마모토 선생이 계속 맡으시고, 전기기기 대리점 판매는 제가 직접 하도록 하면 어떨지요?"

야마모토는 연신 '음, 음' 하며 고개를 끄덕거렸다. 마쓰시타는 속으로 '잘 되어가나 보다'라고 생각했다. 그러나 야마모토 다케노부는 오사카 상인이었다.

"마쓰시타 사장, 댁에 돌아가서 다시 한 번 계약서를 읽고 오시는 게 좋을 듯합니다."

"그건 알고 있습니다. 계약대로라면 그렇게 되지 않겠지요. 그래서 이렇게 상의하러 찾아온 것이 아닙니까."

"그건 안 되죠. 3년 계약 기간 안에 당신이 마음대로 램프를 만들어 파는 걸, 저는 절대 승낙할 수 없습니다. 분명 계약 위반입니다."

"하지만, 제가 발명해서 제가 파는 겁니다."

"그러니까 더 안 되죠. 만약 당신이 새로운 제품을 내놓으면 지금 팔고 있는 제품은 어떻게 되겠소. 매출이 떨어지는 건 당연하겠지요. 하지만 나는 계약대로 1만 개치 금액을 지불해야 합니다. 있을 수 없는 일이오."

"저는 신제품을 만들 수도 없단 말입니까?"

"그럼, 위약금을 물어내시오."

"야마모토 선생. 만약 거래를 중단할 생각이라면 남은 1년만 기다리면 계약이 끝나 얼마든지 마음대로 팔 수 있습니다. 그렇지만 저는 언제까지나 사장님과 거래하고 싶으니까 이렇게 부탁드리는 겁니다."

"하지만 한 번 계약한 이상 따라주셔야죠. 그렇지 않다면 왜 계약서가 필요하오?"

"지금은 잘 팔리고 있으니까 상관없는 것 같지만, 딴 곳에서 유사품이 나오면 금방 매출이 줄 것입니다. 그래서 신제품이 필요한 거지요."

"그건 당신 같은 제조업자의 생각이오. 우리 같은 장사꾼은 인기 있는 상품을 팔 수 있는 데까지 파는 게 맞아요."

"하지만 팔리지 않게 되면……."

"당연히 손을 떼지요. 그래서 계약 기한을 3년으로 해둔 것이오. 팔리지 않게 되면 그때 딴 인기 상품을 찾아냅니다. 그게 장사라는 것 아니오?"

두 사람의 갈등은, 제조업체와 유통업체의 이해 충돌인 셈이었다. 제조업체는 계속 새로운 상품을 내놓아야 한다. 그러나 유통업체는 지금 잘 팔리고 있는 물건의 매출을 저해할지도 모르는 신제품 판매는 바람직하지 않다고 보는 것이다.

'실로 무서운 상대로구나. 이 무서운 상대에게 상인의 진수를 배워야겠다.'

그러나 마쓰시타가 개발 중인 휴대용 램프 판매를 야마모토가 승인하지 않는다면 회사의 발전은 없었다.

'지금 제품이 잘 팔리니까 거기에 매달려 있으면 된다? 히트할지 어떨지 미지수인 신제품 같은 것은 만들 필요가 없다? 야마모토의 논리대로라면 기업가의 장래와 미래는 없어. 어떻게 해야 하나?'

당시 1만 엔이면 집을 열 채는 지을 수 있는 값어치였다.

'야마모토는 냉혹한 사람이야. 하지만 덕택에 좋은 공부를 했어. 그 사람은 대단해……'

마쓰시타는 조건을 승낙하기로 하고 야마모토 상점을 찾았다. 야마모토는 요구한 대로 1만 엔을 내겠다고 말하는 마쓰시타의 표정을 힐끗 쳐다보았다.

"현금 1만 원을 받아도 되겠습니까?"

마쓰시타는 갖고 간 현찰 1만 엔을 내놓았고, 야마모토는 영수증을 썼다.

'위약금으로 영수함.'

마쓰시타 고노스케는 야마모토와의 계약을 통해 많은 위약금을 물어냈지만, 그에 버금가는 교훈도 얻었다. 상품을 판매하려고 생각한다면 유통을 공부해야 한다는 것이다.

그는 다른 곳에 없는 편리하고 값싼 제품을 만들면 반드시 팔린다고 생각했다. 그러나 판매와 유통에 관해서는 일반적인 지식밖에 갖고 있지 않았다.

도매상이 인수해주지 않을 때는 소매상으로 뛰어들어 판매를 했다. 이런 단순한 생산판매 방식으로 계속 나갈 수 있을 것이라 생각한 자신의 무지를 깨우쳐준 사람이 바로 야마모토였다.

'내셔널' 브랜드의 탄생

마쓰시타 고노스케는 자전거 램프 브랜드로 '엑셀'을 쓰고 있었다. 그는 새로운 브랜드를 쓰고 싶었다. 어느 날 새 브랜드를 놓고 직원들과 이런저런 얘기를 나누고 있었다.

"새로운 이름을 써야겠는데 좋은 아이디어가 없을까?"

"역시 서양식 이름이 좋겠죠."

"서양식이 아니면 신식이란 기분이 들지 않겠지……."

"그럼, 후지산이나 아사히 같은 건 안 되겠죠."

"사장님, 신문이나 잡지를 보고 적당한 이름을 골라볼게요."

직원은 신문에 나온 영어 단어를 적어나갔다. 비타민, 모델, 타이프, 센터, 클럽, 스쿨, 스텔라…….

마쓰시타는 직원이 적고 있는 단어를 물끄러미 보며 말했다.

"비타민은 약 아냐? 스쿨은 학교잖아. 외우기 쉬우면 그만이 아니라, 무슨 의미가 있어야지."

그는 답답한 마음에 신문을 집어 들었다.

"이건 뭐지? 인터내셔널이라……."

"사전을 찾아볼게요."

"러시아 혁명 노래와는 다른가?"

"사장님! 사전을 보니 인터내셔널이란 '국제적'이라는 뜻인데요."

"국제적? 좋긴 한데 너무 긴 것 같아."

"그럼 내셔널만으로 하면 어때요?"

"그러면 무슨 뜻이 되는 거지?"

"내셔널, 내셔널이라. '국민의' '전국의' 이런 뜻인데요."

"그래, 이것으로 하자, 내셔널. 이것으로 정하자."

오사카 상인으로 거듭나다

마쓰시타 고노스케는 신제품을 팔기 위해 샘플 작전을 썼다. 1만 개의 샘플을 뿌려 사람들에게 괜찮은 신제품이라는 인식을 심어주고 싶었다. 그러기 위해선 램프 안에 들어가는 건전지도 1만 개가 필요했다.

그는 일본 건전지 업계 1~2위를 다투는 도쿄의 오카다 건전지를 찾았다. 사장인 오카다는 술을 즐겨하는 사람이었다. 마쓰시타 고노스케가 회사를 찾아가자 "자, 한잔" 하며 우선 술잔을 권했다.

마쓰시타가 먼저 운을 뗐다.

"오카다 사장님, 홍보를 위해 램프 신제품 1만 개를 무료로 제공하려고 합니다."

"아, 그래요?"

오카다 사장은 마쓰시타가 자신의 건전지를 1만 개를 구입하는 것으로 여겼다. 하지만 마쓰시타는 단도직입적으로 건전지 1만 개 무료 제공이라는 대담한 이야기를 꺼낸다.

"그래서 이번 기회에 1만 개 전지를 무료로 저에게 제공해주실 수 있겠습니까? 샘플 램프에 끼우려고 합니다."

"네? 1만 개를 무료로……."

놀란 나머지 오카다는 손에 들었던 술잔을 자기도 모르게 떨어뜨렸다.

"예, 오늘 찾아뵌 것은 그 일 때문입니다."

"마쓰시타 사장, 그건 무리한 부탁이오. 1만 개나 무료로 달라는
건……."

"그건 말이 안 되는 이야기예요."

옆에 앉아 있던 오카다 사장 부인도 마쓰시타를 이상한 사람인 양
쳐다보며 거들었다.

마쓰시타가 다시 입을 열었다.

"단, 조건이 있습니다. 지금이 4월이니 올해 말까지 오카다 전지를
20만 개 사겠습니다. 만약 우리가 20만 개를 사게 되면 1만 개를 덤
으로 달라는 겁니다. 대신 20만 개 중 하나라도 모자랄 때는 1만 개
를 보너스로 주실 필요가 없습니다."

"우리 건전지를 올해 20만 개나 구입하겠다는 건가요?"

"예, 그렇습니다."

오카다 사장은 반신반의하며 제안을 받아들였다. 그로서는 손해
볼 일이 없는 비즈니스였다. 20만 개 이상의 매출이 날 경우 1만 개
는 부담스럽지 않은 수치였다.

만약 고노스케가 20만 개 이상 사지 못할 경우, 1만 개 값을 받으
면 됐다. 그해 12월 말 오카다 건전지는 무려 47만 개의 건전지를 마
쓰시타에 팔았다.

이듬해 정월 초, 오카다 사장은 정장을 하고 마쓰시타 공장을 방문했다. 좀처럼 고객을 찾지 않는 사람이었으나 그날만은 달랐다. 오카다 사장은 감사장과 함께 1만 개의 전지를 증정하기 위해 일부러 오사카까지 온 것이다.

당시 내셔널은 오사카 지역의 조그만 중소기업이었지만 대담하게 신문광고를 냈다. 광고 카피는 이랬다.

"사서 안심, 써서 편리한 내셔널 램프!"

소이치로
혼 치
다 로

"지금부터는 자동차 시대입니다. 자동차를 공부하겠어요."

아버지는 자신도 그런 기술을 익히고 싶었던 시절을 떠올리며

더 이상 그를 말리지 않았다.

도전이
가져다준 성공

혼다 소이치로는 1946년 11월 17일 일본 혼슈(本州) 중부의 시즈오카 현(静岡縣) 서부 지역인 하마마쓰에서 장남으로 태어났다. 하마마쓰는 일본에서 섬유·직기·악기 등이 발달한 도시였다. 아버지는 대장장이였다. 혼다는 풀무와 망치질 소리를 들으며 자랐다. 그는 여동생을 등에 업고 학교에 가기도 하고 풀무질을 하며 아버지를 돕기도 했다. 뚝딱뚝딱 농기구를 만들거나 수리하는 일은 그에게 즐거운 일이었다.

초등학교에 들어간 혼다 소이치로는 학교에 잘 적응하지 못했다. 손재주는 좋은 편이라 물건을 만드는 데는 남한테 뒤지지 않았으나 공부에는 도통 관심을 가지지 않았다. 수업을 빼먹고 교실을 빠져나와 뒷산 마루턱에 올라 먼 산을 바라보는 경우가 많았다. 나이가 들어서도 혼다는 책으로 읽은 내용은 머릿속에 잘 기억하지 못했지만 텔레비전으로 본 내용은 잘 기억했다.

혼다가 어렸을 때 마을에 처음으로 전기가 들어왔다. 그는 펜치와 드라이버를 허리에 찬 전기공들이 전신주에 올라가 일하는 모습을 보고 반해버렸다. 그에게 그들은 영웅처럼 다가왔다. 집으로 돌아오면서도 그 모습을 잊을 수 없었다. 집에 가서는 할아버지 등에 올라타 전기공 흉내를 내며 "나는 전기공이다!"라고 소리치곤 했다.

자동차를 동경한 개구쟁이 소년

혼다 소이치로는 자동차와 운명적으로 만난다. 학교를 마치고 집으로 돌아가는 길, 그는 집에 가는 대신 자동차가 있다는 곳으로 한달음에 달려갔다. 차는 마을의 좁다란 길을 느릿느릿 달리고 있었다. 난생 처음 보는 자동차였다.

그때 그는 "언젠가 난 자동차를 만들고 말거야"라는 생각을 하게 됐다. 자동차를 향한 동경은 사라지지 않았다. 옆 마을에 이따금 자동차가 올 때면 여동생을 등에 업고 자동차를 구경하러 가기도 했다. 기계를 향한 혼다의 동경은 비행기로 이어졌다. 그는 비행기를 구경하러 자전거를 타고 20킬로미터를 달려가기도 했다. 비행기가 보고 싶어 수업을 빼먹고 아버지 자전거를 몰래 꺼냈다. 자전거가 너무 커 엉거주춤한 자세로 페달을 밟고 목적지까지 갔다.

'나일스 스미스'라는 이름의 비행기는 군부대 연병장 안에 있었는 데 비행기를 보려면 10전의 입장료를 내야 했다. 그에겐 2전밖에 없 었다. 그러나 단념하지 않았다. 근처에 있는 소나무에 기어올라 하늘 을 향해 날아가는 비행기를 바라보았다.

집에 돌아갈 때 그는 아버지의 꾸중을 예상했다. 예상했듯 아버지 는 처음에 나무랐다. 하지만 비행기를 보고 왔다는 말에 "너 정말 비 행기를 보고 온 게냐?"라고 되물었다. 그 정도로 비행기는 당시에 보 기 힘들었다.

집은 가난했다. 옷을 제대로 사 입을 수 없을 정도였다. 혼다가 입 은 옷소매는 콧물이 말라붙어 늘 딱딱했다. 옆집 아이는 달랐다. 사 는 집 자식으로 5월 단오절이면 당시 아이들에게 인기 있었던 무사 인형을 부모에게 선물 받기도 했다.

혼다는 무사 인형을 몹시 보고 싶었다. 그러나 그 집 부모는 "너처 럼 지저분한 아이는 집에 들일 수 없다"면서 받아주지 않았다. 돈으 로 사람을 차별하다니, 혼다는 어른이 돼서도 그때를 잊을 수가 없었 다. 그는 돈으로 사람을 차별해서는 안 된다고 다짐했다.

혼다는 장난꾸러기 꼬맹이였다. 학교에서 기르던 붉은 금붕어에 에나멜을 칠해 파란 금붕어로 바꿔놓기도 했다. 수업을 빼먹고 뒷산에서 한참 놀다가 배고픔을 견디지 못해 절에 있는 종을 '땡' 하고 쳤다. 그때는 마을 전체가 절에서 나는 종소리를 기준으로 점심을 먹었다. 그는 재빨리 집에 돌아가 이른 점심을 먹었다. 그 소행은 곧바로 들켜 호된 꾸중을 듣기도 했다. 옆집 석공 아저씨가 만들어 놓은 지장보살의 코 생김새가 마음에 들지 않아 쇠망치로 얼굴 모양을 뜯어 고치려다 석상의 코를 한 번에 날려버리기도 했다.

자동차의 동경은 도쿄로 이끌었다

혼다 소이치로가 중학교를 졸업할 때쯤, 아버지는 대장간에서 자전거 가게로 업종을 바꾸었다. 아버지는 《자동차의 세계》라는 잡지를 구독하고 있었다. 어느 날 혼다는 별생각 없이 잡지를 보다 광고란에서 도쿄에 있는 '아트상회'라는 자동차 수리공장 구인광고를 보았다.

마을에 처음 자동차가 나타났던 초등학교 2학년 때 그는 전율을 느꼈었다. 자동차를 향한 지독한 동경을 버리지 못하고 있던 참에 아트상회라는 이름마저 끌렸다. 곧장 일하고 싶다는 편지를 보냈다. 글쓰기가 서툴러서 글씨는 엉망이었다. 편지는 몇 번이나 다시 써야 했고, 봉투도 여러 장을 버렸다. 잘못 쓴 종이와 봉투는 잘게 찢어서 화로에 넣어버렸다. 아버지 몰래 응모했기 때문이었다.

5일 뒤 기다리던 답장이 왔다. '채용하겠으니 즉시 상경하시오'라는 간결한 내용이었다. 그는 온 가족이 둘러앉은 자리에서 아버지에게 그 이야기를 꺼냈다. 아버지의 반대를 예상했지만 의외로 어머니의 반대가 강했다.

그는 꼭 도쿄에 가서 자동차를 배우고 싶다고 말했다.

"지금부터는 자동차 시대입니다. 자동차를 공부하겠어요."

아버지는 자신도 그런 기술을 익히고 싶었던 시절을 떠올리며 더이상 그를 말리지 않았다.

1922년 봄, 혼다의 나이 17살이었다. 아버지와 아들은 시골을 떠나 난생 처음 보는 도쿄에 눈이 휘둥그레졌다. 아버지는 아들을 아트상회에 맡기고 고향으로 내려갔다. 혼다는 드디어 자동차를 만질 수 있다는 희망에 가슴이 부풀어 올랐다.

아트상회 주인인 사카키바라 이쿠조는 우수한 엔지니어이자 경영자로 수리업에 그치지 않고 피스톤 제조까지 다룬 기업가이기도 했다. 그는 자신이 존경하는 인물을 꼽을 때 반드시 옛날 고용주 이름을 든다.

꿈은 현실과 달랐다. 혼다는 늘 주인집 아이를 돌봐야 했다. 등이 뭉클하고 따뜻해지면 아기가 오줌을 쌌다는 신호였다. 그때마다 공장에서 일하던 형들이 "혼다의 등에 또 세계지도가 그려져 있네"라며 놀려댔다. 이게 현실이었다.

아이를 돌보는 일은 매일 계속됐다. 스패너 대신 행주를 손에 쥐고 부엌일을 해야만 했다. 그는 비참한 생각에 수십 번 짐 보따리를 쌌다가 풀기를 반복했다. 그때마다 아버지의 화난 얼굴과 어머니의 우는 모습이 어른거렸다.

매일 계속되는 애 보기에, 손에 쥐어진 것은 꿈에 그리던 수리도구인 스패너가 아니라 행주뿐이었다. 실망과 비참함에 나는 수차례 짐 보따리를 챙겼고, 2층에서 밧줄을 타고 내려가 도망치려고 했다. 그때마다 고향에 계시는 아버지의 화난 얼굴과 어머니의 우는 모습이 눈에 아른거려서 결심이 흔들리곤 했다.

이런 하루하루가 반년 정도 계속됐다. 아트상회는 동경에서도 얼마 안 되는 자동차 수리공장 중 하나로, 당시 상당히 번성했던 곳이다. 어느 날 "꼬맹이, 오늘은 바빠서 어쩔 수 없으니 이리 와서 좀 도와라"는 주인의 목소리가 들렸다. 처음에 꿈이 아닌지 내 귀를 의심했다. 나는 그때 무척이나 기뻤다. 폭설이 쏟아지는 추운 겨울이었지만, 추위도 잊은 채 물방울이 뚝뚝 떨어지는 자동차 밑에 돗자리를 깔고 기어들어갔고 거의 무아지경이될 정도였다. 내게 처음 맡겨진 일은 와이어가 끊어진 언더 터버 수리였다. 이것이 내가 처음 한 자동차 수리로, 그때의 감격은 평생 잊을 수 없다. 그날 이후, 어느 정도는 주인에게 인정을 받기 시작해, 그렇게도 하기 싫었던 애 보기 역할은 점점 줄어들고 점차 수리공으로서의 일을 많이 하게 되었다. 지나고 생각해보니, 역시 그때 애 보기 역할로 반년을 버틴 것이 무엇보다 잘한 일이었다. 그 시절의 고생과 기쁨을 떠올리면 지금 겪고 있는 어떤 고통도 잊을 수 있을 것 같다. 긴 안목으로 보자면, 인생에 있어서 쓸데없는 고생은 하나도 없다.

_혼다 소이치로, 『좋아하는 일에 미쳐라』

아트상회 수리 업무에는 오토바이가 포함돼 있었다. 당시에는 오토바이 역시 부유한 사람들이 사는 제품이었고 대부분이 외제였다. 혼다가 오토바이 회사를 만든 것 역시 이런 경험과 떼어놓고 생각할 수 없다.

고급차에서 스포츠카, 외제차 등 다양한 차를 수입해오던 시대였다. 사람들은 차가 고장 나면 아트상회에 맡겼는데 호기심이 왕성했던 그에게는 좋은 현장학습 기회였다.

관동대지진으로 자동차를 처음 타다

1923년 9월 1일 일본 간토 · 시즈오카(靜岡) · 야마나시(山梨) 지방에서 대지진이 일어났다. 관동대지진이었다. 12만 가구의 집이 무너지고 45만 가구가 불탔으며, 사망자와 행방불명된 사람이 총 40만 명에 이르는 큰 지진이었다.

혼다는 지진이 나자 드라이버로 전화기를 떼어내 들고 건물에서 뛰쳐나왔다. 그때만 해도 전화기는 웬만큼 사는 집에 있는 고가 제품이었다. 그때 주인의 다급한 목소리가 들렸다.

"운전이 가능한 사람은 한 대씩 운전해서 차를 안전한 곳으로 옮겨!"

미성년인 그는 운전면허증이 없었다. 혼자 자동차를 운전한 일도 없었다. 아무리 수리공이라고 해도 2, 3년 동안은 운전을 시키지 않았다. 주인의 말에 그는 열댓 명의 선배들보다 먼저 한 대의 수리차 운전석에 뛰어올랐다. 그는 당황한 선배들과 달리 지진의 공포는 조금도 느끼지 않았다. 무엇보다 혼자서 운전할 수 있는 기회가 와서 기뻤던 것이다.

도로는 이미 리어카와 짐수레를 끌고 나온 사람들로 들끓고 있었다. 그는 대피 행렬을 피하면서 달렸다. 그는 이날 운전이 대지진의 충격보다 더 큰 사건이었다고 기억했다.

"그때 나는 자동차를 운전했다는 감격 외에 아무것도 생각나지 않았다. 내 평생에 있어 그 일은 최대의 역사적인 감동이었다. 운전은 커녕 가속기를 사용할 줄도 몰라서 위험했지만, 그 환희는 두 번 다시 맛볼 수 없는 것이었다."

관동대지진에서 몸이 떨리는 듯한 기쁨을 맛본 사람은 거의 없었을 것이다. 그야말로 그는 자동차의 화신이었던 것이다.

일본의 자동차 시대는 지진을 계기로 발전하기 시작한다. 혼다 소이치로가 태어난 1906년은 우치야마 고마노스케라는 사람이 주요 부품을 수입해 '다쿠리'라는 일본 1호차를 제작했을 때였다. 이해는 헨리 포드가 컨베이어 시스템을 완성시켜 T형 포드를 세상에 내놓고 있었다.

이미 미국의 자동차 산업은 거대 산업의 튼튼한 길을 걷기 시작했고, 일본에서는 막 싹이 트려는 때였다. 하지만 당시 미쓰비시, 미쓰이, 스미토모 등 재벌그룹은 자동차는 매력이 없다고 손을 대지 않았다. 그 덕분에 도요타, 닛산이 성장했다. 나중에 혼다 소이치로가 참여할 수 있었던 것도, 재벌이 참여하지 않았던 것도 중요한 기회가 됐다.

지진으로 도쿄 전차가 궤멸되고 근교의 철도도 전멸에 가까운 타격을 받았다. 자동차가 대체 수단으로 등장하게 된 것이다. 지진 뒤 시영전차 대신 포드 트럭을 개조한 버스가 등장했다.

도쿄에 물자를 공급하는 데 많지 않은 트럭이 전국에서 모여 철도역할을 했다. 일본 육군은 자동차를 군마 대용품인 '기계 말' 정도로 인식하고 있다가 점차 자동차의 중요성을 깨닫게 됐다.

기술의 힘을 확신하다

18살 때였다. 주인은 도쿄에서 떨어져 있는 모리오카의 소방차를 수리하고 오라는 출장 지시를 내렸다. 혼다는 주인에게 실력을 인정받았다는 생각에 신바람이 나 기차에 몸을 실었다.

익숙하지 않은 도시생활에서 실패와 지진이 가져온 뜻하지 않은 기회를 얻으며 그는 착실히 솜씨를 닦아갔다. 그는 기계 만지는 것을 아주 좋아했고 배우려는 열정 또한 다른 사람보다 많았다. 기회가 주어지면 기술을 빨리 익혔고 진보가 남달랐다. 그런 그에게 주인은 출장수리를 맡긴 것이다. 그러나 기다리던 소방대원들은 한숨을 내쉬었다. '이런 꼬맹이가 과연 무엇을 할 수 있을까?' 하는 생각에 모두 당혹해한 것이다.

다음 날 혼다가 자동차를 속속 분해하자, 그 모습을 지켜보던 소방대원들은 '혹시 더 망가트리는 게 아닐까'라는 근심 어린 시선으로 지켜보고 있었다.

"꼬맹이 점원, 그렇게 해도 되는 거야?"

혼다는 묵묵히 작업을 계속해나갔다. 사흘째 되는 날 조립을 끝내고 시동을 걸었다. 부우웅~ 소방차 엔진이 멋지게 작동하기 시작했다. 소방대원들은 깜짝 놀라며 감탄했다. 혼다는 그때만큼은 의기양양했다. 혼다를 꼬맹이 취급하며 바라보던 소방대원들의 눈빛이 존경의 눈빛으로 바뀌는 순간이었다.

기술에 대한 도전이 가져다준 사업 성공

혼다 소이치로는 도쿄 아트상회 수리공으로 일한 지 6년 만인 1928년 고향으로 돌아왔다. 22살의 일이었다. 그는 독립해서 고향에 아트상회 하마마쓰 지점을 개설했다. 22살 때 하마마쓰 지점장이 된 셈이다. 첫 개점 축하 기념으로 아버지가 쌀 한 가마니와 집을 마련해주었다.

> 아트상회에서의 6년간, 나는 수리공으로 기술을 습득하는 한편 자동차의 구조, 수리, 운전을 완전히 익혔다. 주인도 나를 신용하여 가게의 간판을 달아주었다. 그래서 고향 근처의 하마마쓰에 '아트상회 하마마쓰 지점'을 열어 자동차 수리업을 개업한 것이 스물두살 때였다. 이름 하나는 훌륭했지만 사실 나와 견습공 하나뿐인 작은 가게였다.
> _혼다 소이치로, 『기술로 일으킨 기업, 인간으로 남은 기업가』

이름은 거창했지만 그와 견습생 하나가 지점에서 일했다. '저런 애송이가 뭘 할 수 있겠어?'라는 선입견으로 좀처럼 일감이 들어오지 않았다. 그러나 일감만 생겼다 하면 일사천리로 고쳐냈다. 다른 정비

공장에서 고치지 못한 고장이라도 그는 뚝딱 수리했다. 입소문을 타기 시작하면서 손님이 늘기 시작했다. 심지어 그의 가게에선 무엇이든 다 고쳐준다는 소문까지 돌 정도였다. 그해 연말 80엔의 이윤을 남겼다.

그는 누구보다 열심히 일했다. 자동차는 그가 가장 좋아하는 것이었다. 손재주가 좋았던 그는 자동차를 만지고 고치는 일이 무엇보다 즐거웠다. 당시에는 트럭이든 승용차든 바퀴살은 모두 나무로 만들었는데 그는 이 부분에 주목했다.

철재 바퀴살을 고안한 뒤 특허를 냈다. 철재 바퀴살을 생각해낸 것은 화재 때 불에 탄 뷰익을 새 차처럼 재생시켰을 때의 경험이 있었기 때문이었다.

뷰익의 목재 바퀴살은 모두 떨어져 있었다. 그가 발명한 철재 바퀴살은 평판이 좋아 그 특허를 사서 생산하는 메이커도 나왔다. 제품이 인도까지 수출되고 있다고 들은 그는 발명의 위력을 재인식했다. 이 특허료만으로도 매달 1,000엔 이상이 들어왔다.

스물다섯 무렵에는 이미 한 달에 1,000엔 이상을 버는 청년 재벌이 돼 있었다. 한평생 1,000엔을 모으려고 했는데 겨우 몇 년 만에 매달 1,000엔을 벌게 된 것이다. 그와 동시에 공장 규모도 순식간에 커졌고, 직원도 50명에 이르렀다. 놀라운 성공이었다. 단순히 도쿄에서 배운 기술만으로 이룩한 성공은 아니었다.

거기에는 두 가지 중요한 측면이 있었다.

첫째는 철제 바퀴살의 개발이다. 그는 자동차 수리점을 경영하는데 그치지 않았다. 수리보다는 개량해 새로운 것을 만드는 데 열정을 쏟았다. 아무리 실패해도 수없이 연구를 계속하는 그의 기술개발 스타일은 이미 그즈음부터 형성됐다.

연구용 방을 만들어 일이 끝나면 틀어박혔다. 모터를 연구해 모터보트를 만들어서는 호수에 띄우고 직원과 기생을 태워주기도 했다. 이런 지칠 줄 모르는 탐구심이 점차 일과 연결되자 막대한 보수를 안겨줘 성공의 길에 들어서게 한 것이다.

또 한 가지는 손님을 대하는 데 나타나는 그의 섬세한 배려다. 그는 이런 말을 자주 했다.

"수리하러 오기까지 손님은 고장 때문에 몹시 시달렸다. 불안하고 의심스러운 것이다. 그러니 충분히 설명하고 깨끗이 고쳐 약속한 날짜를 지켜야 한다. 그렇게 하지 않으면 수리라고 할 수 없다."

그에게 있어 기술에 대한 지칠 줄 모르는 탐구와 주위 사람에 대한 배려는 기본이었다. 이는 혼다의 사풍이 됐다.

이나모리 가즈오

고향으로 내려온 가즈오는 석유회사를 포함해
여러 회사의 취업문을 두드렸으나 모두 허탕이었다.
"나 같은 지방대 출신은 전혀 거들떠보지 않는구나."
취업 문제가 안 풀리자, 가즈오는 나쁜 데로 빠지려는 충동을 느끼기까지 했다.

불공평한 세상이라고
포기하지 마라

이나모리 가즈오는 1932년 일본 남단인 규슈(九州) 가고시마 현(鹿兒島縣)의 가고시마 시에서 7남매 중 둘째 아들로 태어났다. 그의 아버지는 인쇄업을 했는데 열심히 일한 결과 중고 인쇄기계를 빌려 집에 들여놓고 사업을 꾸려나갈 수 있었다. 그러던 중 한번은 거래처 사람이 봉투를 자동으로 찍어내는 기계를 임대해주겠다고 제안했다. 임대료는 몇 년에 걸쳐 갚아도 상관없는 좋은 조건이었다. 아버지는 신중한 성격이기에 좋은 조건임에도 고민에 고민을 거듭했다. 터무니없는 욕심을 부리고 싶지 않았기 때문이다.

과묵한 아버지에 비해 어머니는 밝고 적극적이었다. 어머니는 자식들이 친구한테 맞고 들어오면 가서 때리고 오라며 빗자루를 손에 들려 보낼 정도였다. 초등학교에 들어간 그의 성적은 그리 좋지 않았다. 아버지와 어머니도 공부에 별로 신경 쓰지 않았다. 일단 집에 책이 없었다. 그는 친구 집 책장에 꽂힌 책을 보고 나서 아버지에게 물었다.

"왜 우리 집에는 책이 없어요?" 툴툴거리는 그의 말에 아버지는 "책에서 밥이 나오는 게 아니다"라고 말했다.

초등학교 6학년이 된 그는 숙제를 제대로 안 해갔다. 담임교사의 시선이 좋을 리 없었다. 질문을 해도 교사의 태도는 늘 싸늘했다. 그러나 잘사는 집 아이를 대하는 태도는 달랐다. 그는 하굣길 골목어귀에서 기다리다가, 교사의 편애를 받는 아이들을 때리곤 했다. 하지만 다음 날이면 어김없이 교사에게 불려갔다.

"그 아이를 특별대우 하는 것을 도저히 이해할 수 없었습니……."

그는 항변을 끝내지도 못하고 뺨을 얻어맞았다. 어금니를 깨물며 참았지만 결국에는 어머니까지 학교에 불려 오셨다.

그날 저녁 과묵한 아버지가 입을 열었다.

"도대체 무슨 일이냐?"

"선생님의 편애가 잘못됐기 때문이에요."

그는 끝까지 버텼다.

"그러니까, 네가 옳았다고 생각한다는 거지?"

아버지는 더 이상 아무런 말을 하지 않았다. 그는 아버지가 자신을 믿어주는 것이라고 여겼다.

풋내기 종이봉투 행상

1945년 4월 그가 중학교에 들어간 이후 미군의 공습이 이어졌다. B29 폭격기에서 폭탄이 비 오듯 쏟아졌다. 6월 17일 대공습은 가고시마 대부분을 불태워버렸다. 일본의 항복으로 전쟁은 끝났지만 집도 인쇄기도 불타버려 집안 형편은 날로 어려워졌다. 전쟁이 끝나고 어머니는 아버지에게 인쇄소를 다시 열어보자고 제안했다. 그러나 인쇄기계를 들여놓으려면 많은 돈을 빌려야 했다. '돌다리도 두들겨보고 건넜던' 아버지는 어머니의 제안을 받아들이지 않았다. 어머니 또한 아버지의 고집을 꺾지 못했다.

저축해둔 약간의 돈도 인플레이션과 화폐 개혁으로 휴지 조각이 되어버렸다. 아버지는 소금을, 어머니는 기모노를 암시장에 내다 팔아 쌀을 마련했다. 3년 뒤 그가 중학교를 졸업하자 아버지는 "이제 취직을 해서 일을 해야 한다"고 말했다. "졸업하면 반드시 취직해 집안에 보탬이 되겠다"고 몇 번이고 다짐한 끝에야 가고시마 시립고등학교에 진학할 수 있었다.

그는 고등학교에서 야구에 몰입했다. 쌀 행상을 하는 어머니는 "힘들게 고등학교까지 보냈더니 허구한 날 놀고만 다닌다"며 언짢아했다. 그는 어머니의 이 말 한마디에 야구에서 손을 떼고 집안일을 돕겠다고 다짐했다. '무엇을 할 것인가?'

선택은 종이봉투 장사였다. 집에서 만든 종이봉투를 자전거에 싣고 시내 가게에 가져다 팔겠다는 생각이었다. 전쟁 전 아버지는 부업으로 종이봉투를 만들었다. 이웃 아주머니들을 고용해 가내수공업으로 봉투를 만들어 팔았다. 아버지는 부엌칼에 체중을 실어 500장의 종이를 한 번에 자르곤 했다. 그러면 아주머니들은 절단된 종이를 크기별로 접어 풀칠을 했다. 이를 눈여겨보았던 것이다.

어느 날 그는 아버지에게 종이봉투 얘기를 꺼냈다.

"아버지, 종이봉투 만드는 일을 다시 해보세요. 제가 팔 테니까요."

아버지는 처음에 대꾸도 해주지 않았다. 하지만 그는 몇 번이나 아버지에게 봉투 얘기를 꺼냈다. 아버지 역시 고생하는 아내를 생각하지 않을 수 없었다. 아버지는 결단을 내렸다. 아버지는 봉투를 만들고, 그는 봉투를 팔았다. 10여 종류의 종이봉투를 대나무로 엮은 큰 바구니에 담아 자전거에 실었다. 한 짐 싣고 달려나가면 그 무게로 앞바퀴가 들릴 정도였다.

처음에는 시내 이곳저곳 상점을 찾아 돌아다녔다. 어떤 상점은 봉투를 산 지 얼마 안 돼 다시 봉투를 구입하지 않았고, 어떤 곳은 봉투를 구입하지 못해 다른 곳에서 봉투를 사기 일쑤였다. 어떻게 하면 효율적으로 팔 수 있을까 고민하다 요일별로 지역을 나눠 돌아다니기로 했다. 시내를 7개 지역으로 나눠, 일주일에 한 번씩 그 지역 상점에서 봉투를 파는 방법을 생각해낸 것이다. 이렇게 지역을 나눠 봉투를 팔다 보니 자연스레 상점마다 수요를 확인할 수 있게 됐다. 점점 단골도 개척할 수 있었다.

하지만 그는 이제 겨우 고등학생이었다. 가게 문을 열고 "실례합니다"라며 들어갔다가 비슷한 또래의 여학생이라도 있으면 부끄러운 마음에 뒤도 돌아보지 않고 나온 적도 있었다.

부지런히 봉투를 들고 가게를 들락거리자, 가게 주인들은 그의 얼굴을 익히게 됐다. 그들은 "어이, 꼬마야"라고 부르며 가게에서 피곤한 몸을 쉬어가게 해주었다. 때론 "남은 봉투를 다 놓고 가라"고 말해주기도 했고, 다른 사람을 소개해주기도 했다. 그 시절 그는 '봉투 파는 소년'으로 통했다. 그러던 어느 날, 과자 가게 아주머니가 자전거 페달을 밟고 가는 그를 불러 세웠다. "우리 가게가 과자 도매상을 하면서 봉투도 함께 팔고 있단다. 그러니 힘들게 돌아다니지 말고 우리 가게에 봉투를 직접 파는 게 어떠니?"

'옳지, 이것이 도매라는 것이구나.'

물론 가격은 소매를 하는 것보다는 쌌다. 하지만 대량으로 팔 수 있어 그렇게 하기로 했다. 얼마 지나지 않아 소문을 들은 다른 과자 가게에서도 같은 주문이 들어왔다. 시내에 있는 여러 과자점에서 이나모리 집안이 만든 종이봉투를 사갔다. 대량 주문이 많아지자 아버지와 그는 눈코 뜰 새 없이 바빴다. 도저히 주문을 댈 수 없어 중학교를 갓 졸업한 배달 점원도 두게 됐다. 그의 사업 인생은 종이봉투 행상으로 시작됐다. 풋내기 사업치고는 성공이었다.

명문대 도전 실패 뒤 지방대 진학

고등학교 3학년이 되자 대학에 가고 싶었던 그는 종이 파는 일을 그만뒀다. 그는 대학에 진학하면 약학을 전공하고 싶었다. 하지만 대학에 들어가기란 현실적으로 어려웠다. 형도 고등학교를 졸업한 뒤 바로 돈벌이에 나섰는데 자신이 대학에 가겠다고 고집을 부리기가 쉽지 않았다. 아버지는 "고등학교 보내놓으니까 이제 또 대학이냐?"며 못마땅하게 여겼다.

아래로 동생이 다섯이나 있었다. 지방 은행이라도 들어가야겠다는 생각으로 대학 진학은 포기했다. 그는 담임교사에게 "대학에 갈 수 없을 것 같다"고 말했다. 그러자 교사는 "내가 부모님에게 말씀드려 보겠다"면서 집으로 찾아왔다.

"가즈오에게는 다른 아이들이 가지고 있지 않은 특별한 것이 있습니다."

담임교사가 아버지를 설득했다. 아버지는 당혹해했다. 교사의 끈질긴 설득 끝에 장학금을 타고 아르바이트를 해서 집안에 부담을 주지 않는다는 조건으로 아버지는 불편한 마음을 접었다.

1951년 그는 오사카대학 약학과에 시험을 치기 위해 야간열차에 몸을 실었다. 그 어느 때보다 자신이 있었다. 하지만 예상은 빗나갔다. 기대했던 만큼 충격도 컸다. 결국 늦게 시험을 치는 지방의 가고시마대학에 입학하게 됐다. 약학과는 거리가 먼 공학부 응용화학과를 선택했다. 집에서 입던 점퍼와 슬리퍼를 끌고 통학할 정도로 학교는 가까웠다. 책을 살 수 있는 형편이 아니었던 그는 거의 매일 도서관에 틀어박혀 책과 씨름했다.

불공평한 세상에 야쿠자가 되려 하다

1954년이 되자 이나모리는 가슴이 답답했다. 취업에 대한 고민이 그를 괴롭혔다. 전공을 살려 석유화학 회사에 들어가고 싶었다. 그러나 당시 일본은 불경기였고 한국전쟁의 특수가 사라진 지 오래였다. 취업을 고민하던 가즈오에게 한 친구가 제안을 했다. 일본 통상성 과장으로 있는 작은아버지에게 그의 취직자리를 부탁해보겠다는 것이었다. 가즈오는 곧바로 부탁을 하러 가자고 독촉했다. 둘은 그 집으로 간다는 말도 하지 않고 도쿄행 밤기차에 몸을 실었다. 가난한 집에서 대학을 보내줬기 때문에 졸업 후에는 어떻게 해서든 좋은 회사에 들어가고 싶었던 것이다.

새벽녘에 도쿄에 도착한 이들은 곧바로 친구의 작은아버지 집으로 향했다. 느닷없는 방문이었다. 친구의 작은아버지는 잠자리에서 일어나지도 않은 상태였다. 친구의 작은어머니가 "이곳까지 왔으니 인사라도 하고 가라"고 해서 친구만 집 안으로 들어갈 수 있었다. 오래지 않아 나온 친구의 얼굴은 굳어 있었다.

"무슨 얘기를 했어?"

가즈오의 독촉에 친구는 어쩔 수 없이 입을 열었다.

"일본 최고 도쿄대생도 취업하기 쉽지 않대. 웬만한 줄이 없으면 대기업에 들어갈 꿈도 꾸지도 말라고 꾸지람하셨어."

고향으로 내려온 가즈오는 석유회사를 포함해 여러 회사의 취업문을 두드렸으나 모두 허탕이었다.

'나 같은 지방대 출신은 전혀 거들떠보지 않구나.'

취업 문제가 안 풀리자, 가즈오는 나쁜 데로 빠지려는 충동을 느끼기까지 했다.

그때 나는 "세상은 이 얼마나 불공평한가"라고 불평했다. 나는 어린 시절부터 내가 이러한 방향으로 가야지 하고 마음먹으면 제대로 된 적이 한 번도 없었다. 중학교 입시에서 미끄러지고, 그다음 해에도 떨어져 하향 지원한 학교에 붙어 겨우 고등학교에 다닐 수 있었다. 대학도 제1지망에서는 미끄러지고, 취직 시험에도 붙지 못했다.

내가 하고자 하는 일은 전부 잘되지 않았다. '다른 사람은 추첨을 하면 당첨되는 일도 있었지만, 나는 너무나 운이 없으니까 절대로 안 될 거야'라는 비뚤어진 확신이 들 정도였다. 왠지 운명으로부터 버림받은 것 같고, 무엇을 해도 나는 잘 안 된다는 생각이 굳어졌다.

그때 불쑥, 이 세상 비뚤게 한번 살아볼까 하는 생각이 들었다. 전쟁이 끝나고 10년도 채 되지 않았던 무렵, 세상은 상당히 어수선했다. '어차피 좋은 회사에 들어가지 못할 바에는 대학을 졸업한 인텔리 야쿠자나 돼보는 게 어떨까. 이런 불공평한 사회 따위보다 의리 있는 야쿠자 세계가 차라리 낫다'고 진지하게 고심했다. 가라테를 했으니까, 주먹에도 자신이 있었다. 정신을 차리고 보면, 가고시마 번화가에 있는 야쿠자 조직 사무소 앞으로 앞다 갔다 하는 나를 발견하기도 했다.

_이나모리 가즈오, 『소호카의 꿈』

첫 직장에서의 불안한 출발

하지만 그는 곧 마음을 다잡았다. 고향의 가난한 집에는 취직을 간절히 바라는 부모와 어린 동생들이 있었다. 가족들을 생각하면 마음이 답답했다. 얼마 뒤 담당 교수가 가즈오를 불렀다.

"아는 사람이 교토에서 초자 제조회사를 하고 있다네. 자네가 괜찮다면 그곳에 부탁해볼 수 있을 것 같네."

'초자?' 가즈오에게 익숙한 단어가 아니었다. '초자'는 무기화학 분야로 가즈오에겐 생소한 분야였다.

그러나 따질 형편이 아니었다. 고향의 부모에게 취업이라는 소식을 알려드리고 싶은 마음뿐이었다. 가즈오는 교수에게 고개를 숙이며 "부탁드립니다"라고 말했다.

교토에 있는 회사에 들어가기 위해선 초자에 대해 알아야 했다. 그는 무기화학을 가르치는 교수를 찾아가 초자의 원료가 되는 점토 연구에 시간을 쏟았다. 6개월이라는 짧은 시간이 남아 있을 뿐이었다. 밤을 새워 초자를 파고들었다. 그리고 졸업논문으로 「이리키 점토의 기초적 연구」를 썼다.

그의 첫 직장은 교토의 쇼후공업이었다. 부모님은 그가 교토의 제조회사에 다니게 된 것을 기뻐했다. 형은 어깨를 두드려주었고, 아버지는 당시로는 엄청나게 비싼 양복을 취업 기념으로 사 주었다. 그렇게 그는 가고시마를 떠나 교토로 향했다.

쇼후공업은 교토의 변두리에 자리 잡고 있었다. 이 회사는 일본에서 처음으로 고압초자를 만들어내며 승승장구하기도 했다. 그러나 그가 입사할 당시에는 사세가 무너지고 있었다. 회사 상황은 법정관리에 들어가기 일보 직전이었다. 게다가 경영자의 전횡이 심했고, 노사 간의 갈등도 심각했다.

'이런 회사여서 나 같은 지방대학 출신에게 자리가 돌아왔구나.' 한숨만 나왔다.

입사 첫날 기숙사에 들어와서는 곧바로 이 회사를 떠야 한다는 생각만 했다. 기숙사 방은 사람이 도저히 살 수 없을 정도로 온통 먼지투성이였다. 그날 밤 다섯 명의 동기가 한자리에 모였다. 모두 "이 회사를 떠나야 한다"고 입을 모았다.

기숙사엔 식당조차 없어 동기들은 돈을 모아 난로를 사놓고 자취 생활을 했다. 미소 된장국과 공깃밥으로 식사를 때우기 일쑤였다. 가즈오가 입사한 지 얼마 되지 않았을 때였다. 일을 마치고 저녁 준비를 위해 회사 근처 야채가게에 갔는데 가게 주인인 듯한 아주머니가 말을 걸었다.

"총각, 못 보던 얼굴인데?"

"며칠 전 쇼후공업에 입사한 신입사원입니다."

"아, 그 회사요." 아주머니 표정이 그리 좋지 않았다.

"어디서 왔어요?"

"가고시마에서 왔습니다."

가즈오는 아주머니의 얼굴에서 놀라는 표정을 읽을 수 있었다.

"멀리서 왔네요. 그런 회사 다니면 장가가기도 쉽지 않다던데……."

파업에 불참하고 생산을 계속하다

이나모리는 쇼후공업에서 특수 자기를 연구하는 부서에 배치됐다. 이 부서는 고주파 절연성 자기를 연구하고 있었다.

회사 사정은 계속 어려워졌다. 월급날이 돼도 월급이 나오지 않았다. 회사에서 "일주일만 기다려 달라"고 해서 기다리면, 다시 "일주일만 더 기다려 달라"고 했다. 동기들이 하나둘씩 회사를 떠났다. 가을 무렵에는 이나모리와 동기 한 명만이 남았다. 두 사람은 자위대 간부후보생 학교에 원서를 내기로 하고 시험을 치렀는데, 둘 다 시험에 합격했다.

마지막으로 호적초본을 내면 간부후보생이 될 수 있었다. 이나모리는 집에 호적초본을 부쳐달라는 편지를 보냈지만 호적초본이 끝내 오지 않았다. 결국 서류 제출 시한을 넘겨 이나모리 혼자만 회사에 남게 됐다.

호적등본을 보내지 않은 이는 이나모리의 형이었다. 형은 동생의 편지를 찢어버렸다. 가난한 집안에서 동생만 대학에 보내 취직을 했는데, 반년도 못 참고 회사를 그만두려는 동생이 한심하다는 생각에서였다. 형은 대학에 가지 않고 일을 하고 있었고, 여동생도 이나모리 때문에 희생하고 있었다. 이제 다른 선택은 없었다. 이나모리는 회사에 남아 연구에 몰두하기로 마음을 고쳐먹었다. 회사와 기숙사를 왔다 갔다 하는 시간이 아까워 냄비와 난로, 이불을 싸들고 연구실에서 숙식을 해결하며 아침부터 밤늦게까지 연구에 몰입했다.

외롭고 고독한 시간이었다. 그러나 시간이 지나면서 성과가 서서히 나오기 시작했다. 좋은 연구개발 결과가 나오면서 상사의 칭찬도 잦아졌다. 점점 더 업무에 재미가 붙었다. 시간이 흐를수록 임원들까지 이나모리를 신뢰했다.

그 무렵 마쓰시타전자공업으로부터 텔레비전 브라운관의 전자총에 사용되는 절연용 세라믹 부품인 U자 게르시마의 주문이 들어왔다. 마쓰시타전자공업은 텔레비전 수요가 급증하면서 그때까지 제휴 회사인 네덜란드필립스(Philips)로부터 수입해 사용하던 것을 국산화하고 싶다고 했다. 나는 포스테라이트 자기를 응용하면 만들 수 있지 않을까 하는 생각에 1년여 동안 연구에 착수했고, 그 결과 일본에서 처음으로 U자 게르시마의 원료인 포스테라이트를 합성하는 데 성공했다. 포스테라이트 합성 과정에서 가장 힘들었던 부분은 원료인 광물이 미세한 분말 상태라서 성형하기가 쉽지 않다는 점이었다. 전통적으로 도기(陶器)를 성형하는 방법은 원료를 서로 연결하기 위해 점토를 혼합하는 것으로, 그렇게 하면 불순물이 섞여 순도가 떨어지고 물성이 약해진다. 나는 매일 고민을 거듭했다. 그날도 이 문제를 어떻게 해결해야 할지 생각하면서 실험실 앞을 지나가고 있었다. 순간 발끝에 무언가가 걸려 넘어질 뻔했다. 누가 물건을 실험실 복도에 두

었냐며 소리를 치며 내려다보니, 갈색의 송진 같은 것이 신발에 달라붙어 있었다. 그것은 선배가 실험을 하면서 사용하고 있던 파라핀 왁스였다. 순간 '바로 이거다!'라는 생각이 직감적으로 들었다. 분말 상태의 원료에 찰기를 주기 위해 왁스를 혼합하면 성형에 성공할 수 있을 거란 생각이 든 것이다. 나는 즉시 냄비에 원료와 왁스를 넣고 고루 섞은 뒤 성형을 위해 만든 틀에 넣어보았다. 결과는 성공이었다.

_이나모리 가즈오, 『좌절하지 않는 한 꿈은 이루어진다』

이듬해 가을, 이나모리가 이끄는 개발팀은 특수자기과라는 별도 부서로 독립했다. 입사 2년 만에 부서를 지휘하는 책임자가 된 것이다. 그때만 해도 분말을 혼합하는 세라믹 개발은 열악했다. 하루 종일 분말을 뒤집어쓰고 일해야 했기 때문이다. 그때마다 이나모리는 이렇게 부서원들을 독려했다.

"이 세라믹 부품이 없으면 텔레비전 브라운관을 만들 수 없다. 우리는 지금 도쿄대학이나 교토대학에서도 할 수 없는 고도의 기술을 요하는 연구를 하고 있는 거야."

그맘때 회사 노조에서 파업 움직임이 일어났다. 이나모리는 고민했다. 파업에 동참하면 특수자기과의 생산은 정지된다. 그렇게 되면 마쓰시타에 브라운관 부품을 납품할 수 없었다. 쉽지 않은 결정이었다.

이나모리 가즈오는 고민 끝에 생산을 계속하기로 한다. 어떤 상황에서도 생산은 계속해야 한다고 생각했다. 부서원을 모두 불러놓고 말했다. "이 시점에서 파업을 하게 되면 주문이 끊기게 되고 회사는 도산할 수밖에 없다. 우리 과는 파업에 참가하지 않고 생산을 계속했으면 한다. 모두 공장에서 먹고 자고 할 생각을 하자." 부서원들은 모두 고개를 끄덕였다.

회사 정문에서 노조원들이 시위를 벌이고 있었기에 공장을 들락날락할 형편이 못되었다. 이나모리는 갖고 있던 돈을 탈탈 털어 식량을 사들이고 이불까지 옮겨놓으며 생산에 대한 의지를 보였다. 문제는 제품을 만들더라도 어떻게 밖으로 내보내느냐는 것이었다. 한 사람이 이 문제를 해결했다. 부서원 중 유일한 여자 직원이었다. 여직원은 공장에서 숙식하지 못했기 때문에 매일 출퇴근을 했다. 이나모리는 그녀가 출근하기 전에 생산한 제품을 공장 뒷문 쪽에 던져놓았다. 그녀는 회사 밖에서 기다리고 있다가 제품을 가지런히 모아 마쓰시타로 보내곤 했다.

노조는 파업을 거부한 이나모리를 '회사의 앞잡이'라며 비난하기 일쑤였다. 하지만 이나모리는 생각이 달랐다. "노조 활동을 적대시할 생각은 없다. 다만 회사가 소생할 불씨를 꺼뜨리면 안 된다는 것뿐이다."

노조 역시 특수자기과 덕에 그나마 매출을 유지하고 있어 이나모리를 비난했지만 묵인하지 않을 수 없는 상황이었다. 그러나 이나모리의 쇼후공업 생활은 오래가지 못했다. 주임으로 승진한 지 3개월이 흘렀을 때였다. 히타치제작소에서 세라믹 진공관을 만들어달라는 제안이 들어왔는데 이나모리가 개발 책임자가 되어 여러 차례 시제품을 만들었지만 만족할 성과를 내놓지 못했다.

우장춘 박사의 사위가 되다

이즈음 은행원 출신의 새 사장이 취임하면서 야오야마 마사지 부장이 물러나고 새 기술부장이 부임했다. 새 기술부장은 "자네 능력으로는 무리인 것 같으니 손을 떼라"고 말했다. 전직 부장인 아오야마 마사지는 "자네는 자유롭게 놔두면 뛰어난 능력을 발휘하는 사람이야"라며 모든 일을 믿고 맡겨 주었다. 반면 새 부장은 그러지 않았다. 이나모리는 새 부장의 조치에 반발해 "그렇다면 회사를 그만두겠습니다"라며 사표를 던졌다. 이나모리가 회사를 그만둔다는 소문이 회사에 퍼지자 같은 부서 직원들도 술렁거리기 시작했다. 이들도 이나모리를 따라 회사를 그만두겠다고 했다. 아오야마 역시 퇴사하고 회사를 창업할 수 있도록 투자금을 모아주겠다고 했다.

아오야마는 교토대 공학부 동기생들에게 투자를 부탁하러 다녔다. 그러다 미야기전기제작소를 찾아가 투자를 요청했다. 미야기전기제작소 쪽은 "20대 새파란 애송이를 믿고 어떻게 투자하느냐"며 고개를 가로저었다. 그러나 아오야마는 물론 이나모리까지 수차례 찾아가 간곡히 투자를 부탁하자 미야기 사장을 비롯, 몇몇 사람이 투자를 해주기로 약속했다. 공장은 미야기전기제작소의 빈 창고였다. 창업을 위해선 전기로를 포함해 설비와 원재료, 운용자금이 필요했다. 1,000만 엔에 이르는 큰돈이 필요했다. 회사를 창업하기로 한 사람들이 자신들의 집을 은행에 담보로 잡히고 돈을 빌릴 수밖에 없었다.

새 회사에 참여하기로 한 사람이 아내에게 "집이 언제 날아갈지 모른다"고 조심스럽게 말하자, 아내는 오히려 "남자들끼리 서로 반했다고 하는데 어쩌겠어요?"라며 웃어넘겼다. 남편은 자신을 이해해주는 아내에게 눈물을 보일 수밖에 없었다.

1958년 12월 쇼후공업을 그만둔 이나모리는 곧바로 특수자기과에서 함께 근무했던 스기나가 아사코와 결혼했다. 그녀는 파업 당시 생산된 물건을 공장 뒤편에서 받아 마쓰시타로 보낸 바로 그 여직원이었다. 두 사람이 가까워지게 된 계기는 도시락이었다. 이나모리가 회사에서 먹고 잘 때 점심시간이면 그의 책상 위에 도시락이 올라와 있었다. 반찬을 손수 만든 도시락이었다. 그렇게 두 사람은 자연스레 가까워졌다.

아사코의 아버지는 세계적인 육종학자 우장춘 박사였다. 일본에서 태어난 그는 1947년 한국행을 결심했다. 우리나라 채소 육종 연구가 초보적인 수준일 때 배추·감자의 품종 연구에 몰두해 우리나라 환경에 맞는 배추를 개발했다. 또 무균 씨감자 생산으로 6·25 전쟁 이후 식량난 해결에 크게 기여했다. 그는 우리나라의 채소작물의 육종연구가 세계적 수준으로 발돋움하는 데 크게 기여해 '한국 근대농업의 아버지'로 불리고 있다.

열정으로 도전한 창업의 꿈

회사를 창업하기에 앞서 8명이 이나모리의 신혼 방에 모였다. 그들은 "오늘의 감격을 잊지 않기 위해 피로써 서약하자"며 새끼손가락을 베어 피로 서명했다. 회사 이름은 교토세라믹이었다. 세라믹은 일반인에게 익숙하지 않았지만 현대적인 이미지를 갖고 있었다. 직원은 28명이었다. 사장은 미야기, 아오야마가 전무, 이나모리가 이사 겸 기술부장을 맡았다. 1959년 4월 1일이었다.

그날 밤 기념 연회가 열렸다. 이나모리는 "지금은 미야기전기제작소 창고를 빌려 시작하지만 이제 곧 교토 제일, 일본 제일, 세계 제일의 회사가 될 것입니다"라며 원대한 꿈을 내놓았다. 이나모리는 매일 아침 가장 일찍 출근했다. 출근길에 교토에 자리 잡고 있는 회사를 보며 '우리는 언제 저런 회사처럼 성장할 수 있나'라는 생각을 하곤 했다. 교토에는 시마즈 제작소(이 회사 직원이 노벨 화학상을 수상해 화제가 되기도 했다), 일본전지 같은 대기업이 많았다. 철강을 두드리고 해머를 내리치는 자동차 부품공장 옆을 지날 때면 '이런 회사를 뛰어 넘을 수 있을까?' 하는 걱정으로 마음이 무거워지곤 했다.

다행히 마쓰시타전자에서 TV용 자기제품을 대량으로 발주했다. 그러나 기계와 인원은 제한되고, 숙련되지 않은 사원이 대부분인 창업 기업이 대량생산 체제까지 가는 것은 가시밭길이었다. 철야 작업을 밥 먹듯 해 사람들은 과로로 쓰러지기 직전이었다. 누군가 "마라톤을 하고 있다고 생각하고 페이스를 조절해야 한다"며 충고하기도 했다.

그러나 이나모리의 생각은 달랐다.

"신참자가 페이스를 생각할 여유가 어디 있나. 우리는 꼴찌 중에서도 가장 꼴찌다. 전력질주를 해도 언제 따라잡을지 모르는 처지다. 최소한 출발만이라도 100미터 달리기를 하듯 전력으로 뛰어나가야 한다."

그렇게 1년 동안 한눈팔지 않고 계속 달렸다. 그 결과 매출액 2,600만 엔, 경상이익 300만 엔이라는 흑자를 기록할 수 있었다.

놀라지 않을 수 없었다. 미야기 사장은 수년 동안 적자를 볼 것을 각오했다고 한다. 이듬해에도 매출과 이익이 두 배로 늘어났다. 그러나 그 무렵 젊은 사원들의 불만은 극도로 달해 뜻하지 않은 사태가 벌어지고 말았다.

일본의 상도를
배우라

파나소닉(마쓰시타)과 교세라는 오사카와 교토라는 지역적 특성에서
성장한 기업이다. 기업문화는 자신들의 근거지인 지역적인 특성과
떼려야 뗄 수 없는 특징을 갖고 있다. 오사카가 유통의 도시라면, 교
토는 공예가 발달한 생산도시였다.

파나소닉이 독창적인 기술 개발보다 판매 등 마케팅에 보다 강한
기업이라는 이미지가 있는 것도 오사카라는 지역적 배경에서 비롯됐
기 때문인 것 같다. 마찬가지로 교세라가 섬세한 제조기술을 발전시
켜나간 것 역시 교토의 문화적 배경이 자양분이 됐다.

파나소닉은 오사카에서 성장한 기업으로, 오사카 상인의 기질을
잘 볼 수 있다. 오사카는 인접한 교토와는 확연하게 다른 활기찬 도
시로 성장해나갔다. 16세기 도요토미 히데요시가 일본을 통일한
뒤 오사카를 근거지로 삼아 상업을 크게 부흥시키면서 오사카는

상업도시로 자리매김하게 된다.

상인들의 도시, 오사카

당시 오사카는 쌀의 집합소 역할을 했다. 오사카는 '천하의 경제도읍'이었다. 봉건영지에서 막부들이 올리는 쌀이 오사카로 모였다. 오사카 상인들은 전국에서 올라온 쌀 시장의 패권을 잡으면서 부를 축적했다.

쌀은 부의 척도였다. 오사카 상인들은 큰 창고를 갖고 있었으며, 창고에 쌓아둔 물건을 일본 전국에 유통시켰다. 오사카는 '천하의 부엌'이라고 불렸다. 세상의 갖가지 진귀한 제품을 사고판다는 의미다.

오사카 상인들은 환전과 고리대금 같은 금융에서도 큰손이었다. 지방 영주들은 쌀을 판 뒤 금과 은으로 바꿔줄 금융업자가 필요했다. 또 그들은 사치스런 생활을 했기 때문에 돈을 빌려 써야 할 때가 많았다. 오사카 상인들은 정부가 발행한 은을 금이나 지방 화폐로 바꾸는 비율을 정하기도 했다.

이 때문에 오사카의 시세는 일본 전역의 시세가 됐고, 다른 지역 상인의 기준이 됐다. 오사카의 상인 정신을 상징하는 것이 바로 '노렌(暖簾)'이다.

한국의 포렴(布簾)과 같은 것으로, 식당이나 상점 입구에 가로대를 걸쳐 놓고 천을 여러 조각 늘어뜨려 놓았다. 오사카 상인들은 이 노렌을 자기 목숨처럼 소중히 여겼다고 한다. 노렌에 자신과 동일시했다는 얘기다.

노렌은 그 점포나 상호가 들어간 무명 커튼에 불과하지만, 중요한 의미가 담겨져 있다. 노렌은 일종의 상표권, 즉 브랜드 역할을 한다. 그 점포의 창업정신과 전통, 자부심, 신용, 장인정신의 상징이다. 노렌을 귀하고 소중하게 여긴다는 것은 결국 자신의 일과 가게를 목숨처럼 생각한다는 것이다.

노렌을 내린다는 것은 오사카 상인에게 곧 죽음을 의미했다. 이는 집단과 신용을 중시하고 업무에 혼신을 다하는 일본 기업의 문화를 낳았다. 그 문화의 대표적인 발원지가 바로 오사카였다.

오사카 상인의 특성

마쓰시타 고노스케 역시 이런 오사카 상인의 기질을 통해 사업 노하우를 익혀나갔다. 그가 대공황과 제2차 세계대전 등 사회경제적 위기에도 흔들리지 않고 회사를 유지 발전시켜나갈 수 있었던 것은 오사카 상인의 기질이 있었기에 가능했다.

그는 처음으로 일을 시작한 가게의 주인에게 오사카 상인의 기질을 배웠다. 그는 아버지의 미곡 투기 실패로 가세가 기울자 10살 때부터 오사카 한 가게에서 아기 돌보는 일을 시작했다.

가게 주인은 "이것만은 잘 기억해 둬야 한다. 어엿한 한 사람의 상인이 되기 위해서는 소변이 빨개지는, 그러니까 소변에 피가 섞여 나올 정도의 일을 한두 번쯤은 겪어야 한다. 그렇지 않으면 어엿한 상인이 될 수 없단다"라고 말했다.

오사카 상인은 고객 중심의 서비스정신, 근검절약, 뛰어난 원가 계산력을 자랑하며 지금까지도 상도와 장인정신을 이어오고 있다. 현대의 오사카 기업들은 이런 전통을 이어가고자 노력하고 있다. 인스턴트 라면을 최초로 발명한 닛산식품 창업주도 오사카 상인 출신이다. 그는 2차 대전 뒤 극심한 식량난에 시달리던 일본 국민을 위해 간편하게 먹을 수 있는 라면을 개발했고, 그 뒤 물만 부으면 되는 컵라면을 세계 최초로 만들기도 했다. 손님이 골라서 먹을 수 있도록 벨트를 따라 접시가 도는 회전 초밥을 만든 이도 오사카 상인 출신이다.

구멍 뚫린 주전자, 러브호텔 등 불편한 것을 개선해서 돈을 버는 이들이 오사카 상인이다. 부정적으로 보면 돈이 되는 것은 무엇이든 다 한다고 볼 수도 있지만, 이런 마인드를 갖고 있어야 고객이 꼭 필요한 상품을 개발할 수 있는 것이다.

오사카 사람들 역시 다분히 상인 기질을 갖고 있다. 일본에서 한때 전화사기가 유행한 적이 있었다. 그런데 전화사기에 걸리지 않았던 사람들이 바로 오사카 지역 사람들이다. 상인 기질이 대단해 하나하나 다 따져보고 정확한 상거래를 하기 때문이다. 오사카 사람들은 뭔가 잘못된 것이 있으면 당연히 따지고 든다. 판매사원 입장에서도 힘든 존재다.

오사카 상인은 '사람을 남기는 것'을 제일로 쳤다. 다음이 가게를 남기는 것, 제일 밑은 돈을 남기는 것이라고 가르쳤다. 손님이 있는 한 사업은 영원하기 때문에 눈앞의 이익에 매달리지 말라는 것이다.

100년 기업이 많은 교토

반면 교토 상인들은 오사카 상인들과 달랐다. 왕궁이 자리 잡고 있는 교토는 첨단을 달리는 유행과 직조, 염색, 자수, 도기 같은 유서 깊은 미술품으로 유명한 귀족적인 도시였다.

교토에는 100년 이상의 역사를 가진 점포가 500개가 넘는다. 교토 상인들은 오랜 명성이 살아 숨 쉬는 곳이라는 자부심을 갖고 있었다. 일본에서 상인(商人)은 '쇼닌'이라 부르지만, 교토 상인들은 자신들을 '아킨도'라고 부를 정도로 자부심이 대단하다. 아킨도는 '상인 중 상인'이라는 뜻이다.

가게 점원에서 경제사상가로 변신한 이시다 바이간(1685~1744)은 대표적인 교토 상인이다. 2003년 일본을 방문한 노무현 대통령이 '일본 자본주의의 원류'라고 지칭한 사람이기도 하다. 이시다는 '제업즉수행(諸業卽修行)'을 전파했다.

'모든 노동이 정신수양이며 자기완성에 이르는 길'이라는 뜻이다. 그러면서 그는 싼값에 좋은 물건을 제공하기 위해 의복 안쪽이나 가구 밑바닥처럼 눈에 보이지 않는 곳까지 정성껏 마무리하는 것이 진정한 상인의 길이라고 강조했다.

　교토 상인들은 일본의 잃어버린 10년(1991~2002년) 동안 '교토 기업'이라는 이름으로 다시 등장한다. 잃어버린 10년 동안 일본 전 산업부문이 불황에 시달렸지만 그 기간 글로벌 시장을 종횡무진하며 승승장구한 기업들이 있었다. 바로 교세라롬, 일본전산, 무라타, 옴론, 유니클로 등 교토에 기반을 둔 기업들이다. 벤처정신으로 무장하고 성장을 향한 새로운 창조를 모색해온 강소기업, 이른바 교토 기업이다. 이들은 불황기 동안 소니 등 일본 경제의 주류를 이뤄온 '도쿄식 기업'보다 두 배 이상 성장했고 영업이익률은 네 배 이상 높았다.

　교토 기업의 특징은 무엇일까? '선택과 집중'이다. '선택'은 일본에서보다 세계 시장에서 인정받았다. 사실 교토 기업은 일본에서보다 세계 시장에서 더 빨리 인정받았다.

　교토 기업 대부분은 1945년 이후, 즉 전후에 창업된 벤처 기업이다. 때문에 선발 기업이 이미 장악한 국내 시장을 비집고 들어갈 틈이 없었다. 정치권과 유착한 도쿄 기업들 사이에 끼고 싶은 생각도 없었다. 처음부터 세계 시장으로 나간 것이다. 외국에서 먼저 인정받고, 국내로 역진출해 성공 스토리를 만들어나갔다.

교토 기업의 강점

이는 교토 상인의 전통이기도 하다. 교토엔 유난히 장수 기업이 많다. 떡, 부채, 술, 반찬 등을 만드는 회사들 중에 수백 년 된 기업을 쉽게 찾아볼 수 있다. 가장 오래된 기업은 천 년도 넘었다. 장수 비결은 자기가 감당할 수 있는 범위 내에서 사업을 한다는 점이다. 무리해서 덩치를 키우지 않았다는 얘기다. 마찬가지로 교토 기업은 외형을 중시하지 않는다. 세계 1등이 더 중요한 가치다. 1960~80년대 고도성장기엔 사업다각화가 가능했다. 지금 같은 저성장 시대엔 잘하는 부분에 집중해야 한다. 교토 기업은 일찌감치 그걸 실천해왔다.

교토 기업의 또 다른 특징은 창업자들이 대개 기술자 출신으로 카리스마가 강하다는 것이다. 호리바제작소의 호리바 마사오 창업자는 임원들의 반대에도 '재미있고 엉뚱하게'란 사훈을 고집했다. 일본전산의 나가모리 사장은 삼류대 출신과 다른 회사에서 떨어진 낙오자를 뽑아 일류대 출신이 가득한 경쟁사와 맞섰다.

보통의 일본 경영자는 '의견 조정' 스타일이다. 대규모 투자나 신규 사업에 진출할 때 과감하게 리스크를 감수하지 못하는 측면이 있다. 그러나 교토 기업은 리스크를 감수한 과감한 투자 결정을 하는 일이 흔하다. 의사결정도 신속한 편이다.

교토의 '반골 기질'은 교토 기업의 또 다른 경쟁력이다. 교토 사람들은 교토를 일본의 영원한 수도, 일본 문명의 메카라고 생각한다. 과거 천 년 동안 일본의 수도였다는 자부심이 살아 있다. 교토 사람들은 아직도 일본의 정신적·문화적 중심은 교토라고 주장한다. '도쿄 촌놈'이란 말을 쓰는 유일한 곳이 교토다. 1868년 메이지정부가 일본 수도를 도쿄로 천도함으로써 교토는 황폐화될 것이라는 공포감이 당시 교토 사람들에게 빠르게 확산됐다. 이런 분위기를 극복하기 위해 교토가 도쿄에 뒤질 수 없다는 강한 지역적 자존심을 갖게 됐다.

교토의 반골 기질은 이 지역 사람들의 비판적, 혁신적 사고로 연결됐다. 콧대 높은 자존심이 도쿄에서 생산되는 상품과 기술에 관심을 갖지 않게 된 근본 원인이다. 이를 통해 교토만의 독창적인 기술을 고집하게 된 것이다. 그 결과 교토의 챔피언 기업들은 자기 분야에서 타의 추종을 불허하는 기술력을 가지게 됐다.

이런 반골 기질이 기업에서는 강인한 생존력으로 승화됐다. 도쿄 기업들에 절대 지지 않겠다는 근성이 교토 기업 특유의 경쟁력으로 작용한 것이다. 대부분의 교토 기업 CEO는 '남의 것을 흉내 내지 않은 순도 100퍼센트 진짜가 아니면 평가하지 않는 교토 특유의 기질'을 갖고 있으며, 이것이야말로 교토 기업의 글로벌 경쟁력의 원천이 되고 있다.

은행 돈을 쓰지 않는 것도 많은 교토 기업의 또 다른 특징이다. 교토 기업은 전형적인 일본 대기업처럼 규모와 점유율에 집착하면서 몸집을 불리지 않았다. 교토 기업은 현금흐름을 중시하다 보니 차입 경영을 하지 않는다. 교토 기업은 투자가 필요한 경우 내부유보금 범위 안에서 투자를 실행한다. 실제로 많은 교토 기업이 무차입 경영으로 일본 경제의 잃어버린 10년 동안에도 지가 및 주가 하락의 영향을 최소화할 수 있었다.

교토 기업은 전형적인 일본 기업과는 다른 면모를 보인다. 예를 들어 적극적인 기업 인수·합병(M&A)으로 동종업계 타사의 기술, 조직, 노하우, 인재 등을 자기 것으로 만들고 있다. 거래처 및 하청업체와의 관계가 개방적, 수평적이다. 미국 실리콘밸리 기업들과 닮았다. 이런 교토 기업의 특징이 불황을 이겨내고 세계 챔피언 자리를 지켜 나갈 수 있었던 원동력이 된 것이다.

2장

디테일은
신의 숨결이다

"앞으로 큰일을 하는 데 중요한 자산은 직원이야.
공장은 자금만 조달하면 늘릴 수 있지만 인재는 돈으로도 살 수가 없어!"

일본 종신고용제의
전통을 만들다

1927년 일본에선 금융공황이 발생했다. 그해 3월 가타오카 나오하루 대장상의 실언이 발단이 됐다. 그는 도쿄 와타나베 은행이 어음 결제 불능 상태에 빠져 휴업 중이라는 잘못된 정보를 말했다. 사태는 곧바로 확산됐다. 예금을 인출하려는 고객들이 은행으로 몰려가는 뱅크런이 발생한 것이다. 일본은행은 긴급 자금을 트럭에 실어 시중 은행에 투입했지만, 예금자들을 안심시킬 수 없었다. '저 트럭의 돈뭉치는 겉만 진짜이고 속은 헌 엽서다'라는 유언비어까지 퍼지면서 금융권의 신용은 완전히 땅에 떨어지고 말았다.

일본 기업들이 직격탄을 맞았다. 미쓰이, 미쓰비시에 이어 급성장했던 고베의 스즈키 상점까지 그 여파로 자금난을 겪게 됐다. 위기는 일파만파로 확산됐다. 일본 5대 은행 중 하나인 자본금 1억 엔의 쥬고은행마저 지불정지를 발표해야 할 처지에 놓였다. 쥬고은행의 최대 고객이었던 가와사키조선이 경영 위기에 직면하면서 쥬고은행도 경영 파탄 상태에 직면하게 된 것이다.

4월 21일은 꽃샘바람이 불던 날이었다. 마쓰시타는 자리에 누운 채 아내가 가져온 조간신문을 받아들고 벌떡 일어났다.

'쥬고은행 지불 정지.'

후폭풍이 거세게 몰아쳤다. 중소기업이 자금난을 이기지 못하고 잇따라 도산을 했고, 예금을 찾지 못해 비관한 사람들이 줄지어 자살을 했다. 마쓰시타전기 역시 쥬고은행이 주거래은행이었다. 은행의 지불 정지로 마쓰시타전기 역시 자금난을 겪으며 부도 직전의 상황으로 몰리게 되었다. 이런 상황을 구제해준 은행이 스미토모 은행이었다. 사실 마쓰시타전기는 스미토모 은행과 거래가 없었다. 어떻게 이런 위기를 넘길 수 있었을까?

스미토모 은행과의 인연

시간을 거슬러 올라가 2년 전의 일이었다. 마쓰시타 공장 근처에 스미토모 은행 지점이 개설되면서 이토라는 은행원이 기념품으로 수건을 들고 예금 유치를 권유하기 위해 마쓰시타를 찾았다. 마쓰시타는 주거래 은행이 쥬고은행 하나면 족하다며 스미토모 은행과 거래를 트지 않았다. 그러나 이토는 무려 8차례나 마쓰시타를 찾아오는 성의와 집요함을 보였다. 이에 마쓰시타는 이토에게 한 가지를 제안했다. "그렇다면 담보 없이 신용으로 2만 엔을 대출해줄 수 있겠소?" 이토는 이 제의에 당황했다. 전례가 없는 일이라며 선뜻 승낙하지 못했다.

어떤 은행이든지 계좌도 열지 않고 거래도 하기 전에 대출해주지는 않았다. 마쓰시타 고노스케는 '신용만 있다면 대출해도 상관없지 않느냐'는 자기 신념을 관철하려고 했다. 한편으로는 귀찮게 찾아오는 은행원에게 무리한 요구를 해 다시는 찾아오지 못하게 하려는 의도도 있었다.

이토는 곧바로 지점장에게 보고했고, 지점장은 마쓰시타 고노스케에게 이렇게 말했다. "제가 오랫동안 은행에 근무했지만 예금실적과 담보도 제공하지 않고 신용으로 융자해달라는 경우는 처음입니다. 하지만 대출을 할 수 있도록 해보겠습니다. 경영에 대한 자신감에 감명 받았습니다." 놀라운 일이 벌어졌다. 지점장의 강력한 요청으로 마쓰시타전기에 대한 당좌(마이너스 통장)가 개설됐다. 거래 전에 2만 엔을 대출한다는 조건이 통과돼 스미토모와 거래가 시작됐다. 스미토모 은행 역사상 전례가 없던 일이었다.

금융공황이 일어나자 마쓰시타는 스미토모 은행에 대출해줄 수 있느지를 확인했다. 크게 기대를 걸지는 않았다. 은행과 기업들이 휙휙 쓰러지고 있는 상황에서 실적과 담보도 걸지 않고 맺었던 2년 전의 약속은 지키기 힘들 것이라고 생각했기 때문이다.

그러나 스미토모 은행은 약속대로 개설된 당좌에 거액을 넣어주었다. 덕분에 마쓰시타전기도 자금난에서 벗어날 수 있었다. 이후 스미토모 은행과의 신뢰관계는 지금까지 이어오고 있다.

종신고용으로 불황을 극복하다

위기는 여기서 끝나지 않았다. 1929년 말부터 세계 대공황의 영향이 일본에 미치기 시작했다. 도산 기업이 속출했고 감원 바람이 전 일본에 불어닥쳤다. 대기업, 중소기업 할 것 없이 공장마다 감산, 회사마다 임금 체불이 잇따랐다.

불황을 모르던 마쓰시타전기도 이 무렵에 이르러서는 재고가 누적돼 창고가 터질 지경이었다. 1929년 11월과 12월에는 매출이 절반으로 줄어들었다. 연말은 1년 가운데 매출이 가장 많아야 할 때였다. 창업 이래 만드는 즉시 속속 다 팔고, 신제품을 내면 반드시 히트상품을 기록하던 마쓰시타 역시 위기 한가운데에 놓이게 됐다. 창고는 물론 사무실과 공장까지 재고품이 산더미처럼 쌓여만 갔다. 재고품이 흘러넘치자 사람들은 생산을 억제하는 것 말고는 다른 방도가 없다고 여겼다. 월 판매고는 20만 엔에서 10만 엔으로 반 토막이 났다. 구조조정이 있을 것이라는 소문이 회사 안팎으로 번져나갔다.

오너의 결단만이 남아 있었다. 당시 마쓰시타 고노스케는 건강이 좋지 않아 집에서 요양 중이었다. 이우에 도시우가 마쓰시타를 찾아 갔다. 12월, 찬바람이 휘몰아치고 있었다. 이우에 도시우는 마쓰시타를 만나자마자 감원을 얘기했다.

"어려움을 극복하기 위해서는 직원 수를 줄이고 사업을 축소할 수밖에 없습니다."

팔짱을 낀 채 잠자코 듣고만 있는 마쓰시타의 뺨은 푹 꺼져 있었다. 불황 기업 경영자의 모습이었다. 그는 단호하게 말했다.

"그건 안 돼! 직원은 한 사람도 감원해서는 안 돼!"

"하지만 사장님……."

"이 불황은 일시적인 것 아니겠어? 그렇다면 지금까지 열심히 일해준 직원을 어떻게 내보낼 수 있겠나! 회사가 필요해서 채용해놓고 감산을 이유로 해고하는 얄팍한 짓을 한다면 직원이 회사를 위해 몸 바쳐 일해줄 리가 없잖은가. 앞으로 큰일을 하는 데 중요한 자산은 직원이야. 공장은 자금만 조달하면 늘릴 수 있지만 인재는 돈으로도 살 수가 없어!"

마쓰시타는 말을 이어갔다.

"세상에는 해 뜨는 날도 있고 흐린 날도 있는 법이야. 그럴 때마다 사람을 채용했다 해고했다 하면 어떻게 되겠나. 단 한 사람도 해고해선 안 되네!"

"그렇게 되면 재고만 늘어나게 됩니다."

"반일 근무, 반일 조업으로 하되 급료는 1퍼센트도 깎아서는 안돼!"

"하지만, 사장님……."

"단, 휴일을 반납하고 매일 가방에 견본을 넣고 다니며 주문을 받아 오도록 하게."

해고 공포에 떨고 있던 임직원들은 환호했다. 그들은 휴일도 잊은 채 재고 판매에 발 벗고 나섰다. 임직원들은 제품 견본을 가방에 넣고 교토와 오사카 각지로 뛰어다녔다. 어떤 일에 부딪혀도 팔고야말겠다는 열정이 넘쳐났다. 전 직원이 하나가 돼 팔고 또 팔았다. 2개월이 지날 무렵 창고의 재고는 사라지고 공장은 다시 정상 가동에 들어갔다.

마쓰시타 고노스케는 직원의 정년을 보장하는 종신고용의 씨를 뿌린 것이다. 종신고용은 직원에게만 환호를 받은 것이 아니다.

'마쓰시타는 단 한 사람도 해고하지 않고 불황에서 빠져나왔어. 직원을 무엇보다 소중히 여기는 회사야.'

경영사상 주목을 받는 일본 종신고용제의 출발점이었다. 취업 자리를 찾는 사람에게 마쓰시타전기는 그야말로 꿈의 일자리였다. 불황으로 고민하는 중소기업가들도 마쓰시타 방식을 채택해 어려움을 돌파했다.

훗날 마쓰시타 고노스케는 당시의 결정을 다음과 같이 고백했다고 한다.

종업원을 해고하면 임금으로 나가는 돈은 절약할 수 있을지 모른다. 하지만 종업원이 줄어들어 판매력이 떨어지는 만큼 재고를 싸게 처분할 수밖에 없어지기 때문에 커다란 손실을 입게 된다. 게다가 그것은 상품 가격의 붕괴를 의미하기도 하기 때문에, 종합해보면 손실은 임금 절약으로 얻은 이익을 대부분 상쇄해버릴 정도로 커진다. 그렇다면 차라리 고용을 보장해줌으로써 종업원들의 사기를 진작시켜 재고를 정가에 처분하는 일에 집중토록 하는 것이 더 합리적이다.

반일 근무라고는 하지만, 실제로는 토요일과 일요일에도 전원이 영업을 해서 재고를 처분하게 되는 것이니 임금 때문에 발생하는 손해는 없다. 이와 같은 냉정한 계산 하에서 내린 결론이었다. 만약 그의 계산대로 되지 않았다 할지라도, 마음이 하나로 뭉쳐진 종업원들은 틀림없이 예전 이상의 힘을 발휘했을 것이다.

_기타 야스토시, 『동행이인』

소
이 혼
치 다
로

그는 기술자란 실패했을 때 반드시 반성하지만
성공하면 반성하지는 않는다고 말했다.
실패는 성공을 이끄는 계기가 될 수 있지만
성공은 뒤의 성공을 반드시 약속하는 것은 아니라는 것이다.

역발상으로
모터바이크를 만들다

혼다 소이치로는 자동차 수리업으로 돈방석에 앉았지만 만족하지 않았다. 새로운 사업을 모색했다. 바로 제조업이었다. 혼다는 정비공장을 직원에게 넘기고 자동차 부품인 피스톤링을 제조하는 도카이세이키(東海精機)를 설립한다. 수리에서 제조로, 기술의 핵심으로 다가가고 있었다. 그가 잘나가던 수리공장 문을 닫고 제조업으로 방향을 튼데는 몇 가지 이유가 있었다.

그가 데리고 있던 직원들이 하나둘 독립해 가게를 열었는데 자동차는 급작스레 느는 게 아니어서 결국 서로는 경쟁자가 될 수밖에 없었다. 혼다는 그게 싫었다. 다른 이유는 1937년 중일전쟁 이래 물자통제가 엄격해졌는데, 피스톤링(피스톤과 실린더 벽 사이에 공기가 새지 않도록 피스톤 둘레의 홈에 끼우는 고리 모양의 부품)을 만드는 데 재료가 적게 들기 때문이었다. 게다가 수리점은 수리점일 뿐이었다. 아무리 수리를 잘한다고 해도 도쿄와 같은 다른 지역에서 주문이 들어오지는 않았다. 정비업만으로는 회사 규모를 키우는 데 한계가 있다고 생각한 것이다. 일개 점주에 머무르지 않고 좀 더 큰 사업을 해보고 싶었다.

수리업에서 제조업으로 업종을 바꾸다

처음에는 동료들의 반대가 심해 의사결정을 하기가 쉽지 않았다. 그러나 혼다는 자신이 하고 싶은 것을 해야 직성이 풀리는 성격이었다. 그는 반대를 무릅쓰고 제조업을 하기로 최종 결정한다.

막상 제조업에 뛰어들었지만 제품을 만들기는 쉽지 않았다. 피스톤링을 만든다는 게 생각처럼 간단한 게 아니었다. 그는 대장장이인 아버지를 찾아 조언을 구했다.

"도중에 하려고 하니 간단히 될 까닭이 있겠느냐."

매몰찬 답변만 돌아왔다. 아버지는 아들이 업종을 바꾸는 것을 탐탁하게 여기지 않았다. 혼다 스스로 기술을 개발해나갈 수밖에 없었다. 매일 새벽 2~3시까지 연구가 이어졌다. 머리 깎을 시간도 없어 아내를 공장으로 불러 제멋대로 자란 머리를 자르도록 하며 일을 계속했다. 일하다 지치면 술 한잔 걸치고 돗자리 위에 누워 새우잠을 자는 나날이 이어졌다.

혼다는 그때를 이렇게 회상했다.

"내 평생 가장 고심한 때였다. 모아놓은 돈도 바닥이 나 아내 물건까지 전당포에 가지고 갔다. 여기서 좌절하면 모두 굶어 죽을 판이었지만 일은 진전되지 않았다. 절대절명의 위기에 몰렸다. 이렇게까지 하는데 안 되는 것은 내게 주물에 관한 기초지식이 없기 때문이라는 걸 깨달은 것이 그때였다."

어느 날 혼다는 이렇게 노력해도 생각대로 제품을 만들어내지 못하는 이유가 원하는 모양의 금속제품으로 만드는 주물에 대한 기초지식이 없기 때문이라는 것을 깨닫는다.

늦깎이 고등학생이 되다

혼다 소이치로는 곧바로 하마마쓰 고등공업학교(현 시즈오카대학 공학부)를 찾아가 교장에게 수업 청강을 요청했다. 교장은 그의 청을 받아주었다. 고등학교에 등교하자마자 혼다는 학교의 명물이 됐다. 교사들은 걸어서 등교하는데, 학생인 그는 자동차를 타고 학교에 왔다. 수업 시간에도 필기를 하지 않았다.

다른 학생들이 열심히 필기를 하고 있었지만, 그 시간 그는 피스톤링 연구와 성공을 생각했다. 그가 학교에 다닌 목적은 어디까지나 제품 개발에 도움이 되는 지식을 습득하기 위해서였다. 금속 재료의 특성과 기초 지식을 얻으면 곧바로 피스톤링 개발에 응용했다.

그는 졸업증서를 받기 위해 학교를 다니지 않았다. 이 때문에 시험을 치를 필요조차 느끼지 않았다. 시험 날이 되면 아예 학교를 쉬었다. 그러나 학교의 생각은 달랐다. 아무리 청강생이라고 하더라도 시험을 쳐야 한다고 생각했다. 학교는 그에게 퇴학을 선고했다.

혼다는 교장을 찾아가 이렇게 말했다.

"저는 졸업장을 위해서 이 학교에 다닌 것이 아닙니다. 영화표가 있으면 극장에 들어갈 수 있겠지만, 졸업장으로는 영화 한 편도 볼 수 없으니까요."

퇴학을 당한 뒤에도 혼다는 한동안 자신이 좋아하는 수업은 꼭 들었다. 오히려 일에 필요한 연구 성과는 꼭 얻어가겠다는 생각을 하게 됐다. 실제로 이때 공부한 것이 혼다에게 큰 도움이 되었다.

혼다는 도호쿠대학교와 홋카이도 무로란시의 제강소까지 찾아가 주물 기술을 배우기도 했다. 그는 성능 좋은 피스톤링을 만들지 못한 원인이 소재인 실리콘 함유량이 부족했기 때문이라는 사실을 깨닫게 된다.

피스톤링 개발에 성공하다

1937년 혼다는 그런대로 쓸 만한 피스톤링을 만드는 데 성공했다. 제작에 착수한 지 9개월을 넘어서고 있을 때였다. 그러나 상품으로 팔기에는 여전히 넘어야 할 산이 높았다. 도요타자동차에 납품하려고 3만 개를 만들어 이 가운데 50개를 따로 뽑아 납품검사까지 마쳤다. 하지만 도요타가 검사를 하자 겨우 3개밖에 합격하지 못했다. 참담한 결과였다.

혼다는 이런 결과에 기죽지 않고 계속 연구를 진행해나갔다. 그러는 사이 성과가 조금씩 나타났다. 간신히 도요타의 테스트에서 합격점을 얻을 수 있었다. 그러자 도요타가 회사에 투자를 하기로 결정했다. 도요타의 자본이 40퍼센트 들어와 자본금 120만 엔의 회사로 성장하게 된 것이다. 직원들이 한때는 2천 명을 헤아릴 정도로 중견기업으로 성장했다.

1945년 하마마쓰 지방에 대지진이 일어나 공장이 무너지고 기계도 망가졌다. 무너진 공장을 다시 세우고 망가진 기계를 수리하는 중에 일본은 패망했다. 전쟁이 끝난 뒤 도요타자동차는 도카이세이키에서 부품을 만들면 어떻겠냐고 제안을 했다. 혼다는 깨끗이 거절했다. 오히려 갖고 있던 주식을 모두 도요타에 팔아치우고 피스톤링 사업마저 넘겨버렸다.

혼다의 생각은 이랬다.

"전쟁 때는 시누이뻘 되는 도요타의 말을 들을 수밖에 없었지만 이제는 전쟁이 끝나 상황이 달라졌다. 지금부터는 내 개성을 살려 좋아하는 일을 하겠다."

도카이세이키를 팔고 손에 쥔 돈은 45만 엔이었다. 그 돈을 밑천 삼아 어떤 일을 하려 했으나 좀체 전망이 보이지 않았다. 전후 혼란한 시기에 뭘 하려고 애를 써봐야 잘될 리가 없었다. 오히려 그는 잠시 동안 마음 편하게 휴식을 취하면서 새로운 사업을 구상해보기로 마음먹었다.

혼다는 아내에게 "군부가 으스대는 시대가 끝나서 다행이야. 앞으로는 한동안 아무 일도 안 할 거야. 당신이 당분간 먹여 살려"라고 말하고 무직자가 돼버렸다. 혼다는 하루 종일 정원에 나가 앉아 있었다. 잡초 하나도 뽑지 않고 돌 위에 걸터앉아 하염없이 지냈다.

이때 혼다는 술과 친구에 절어 시간을 보냈다. 집 근처 알코올 공장에서 1만 엔의 거금을 주고 의료용 알코올을 한 드럼 사왔다. 드럼통을 집 안에 들여놓고 직접 술을 배합해 매일 친구들을 불러 술을 마셔댔다. 술에 절어 살았지만 창의성을 발휘하는 소소한 일을 하고 있었다. 하마마쓰 해안에서 전기제염을 만들어 소금 한 자루와 쌀 한 자루를 교환하곤 했다. 그러나 아내에게 쌀을 갖다 주지는 않았다.

아내는 이렇게 불평했다.

"남편이 제염기를 만들었다느니, 아이스캔디 제조기를 만들었다느니 하는 얘기를 다른 사람한테서 들었죠. 하지만 남편은 아무 얘기도 해주지 않았어요. 게다가 집에는 소금 한 톨, 아이스캔디 하나 가져오지 않았어요."

그로서는 무작정 놀고 있는 것은 아니었다. 앞으로 무엇을 해야 할지 끊임없이 고민했던 것이다. 혼다는 가정보다 일에 몰두한 남자였다. 혼다와 함께 일했던 직원은 이렇게 기억했다.

"어느 날 사모님께서 공장을 직접 찾아오셨습니다. '남편이 집에 돈을 한 푼도 가져오지 않아서 장을 볼 수가 없어요. 미안하지만 돈 좀 빌려주세요'라는 말을 했습니다. 혼다 사장님은 직원 월급이 우선이고 가족은 나중 일이었습니다."

모터바이크를 개발하다

그렇게 하릴없이 시간을 보내고 있다가 자신의 인생을 좌우할 사업 아이템을 찾는다. 혼다는 친구 집을 방문했다가 우연찮게 작은 엔진을 발견한다. 육군의 무전기 발전용 엔진이었다. 이것을 본 혼다의 머릿속에 갑자기 아이디어가 떠올랐다. '이걸 자전거에 붙이면 페달을 밟지 않아도 자전거를 타고 다닐 수 있을 거야.'

자전거에 엔진을 붙이는 '모터바이크'를 만든다는 아이디어였다. "매일 술만 마시고 있으려니까 아내가 대신 물건을 사 오라고 했다. 정말 견딜 수 없는 노릇이었다. 그런데 마침 육군에서 쓰던 통신용 작은 엔진이 있었다. 그걸 아내의 자전거에 달았다. 그걸 타고 암거래되고 있던 쌀을 사러 다녔다. 그랬더니 그걸 보고 다른 사람들이 똑같이 만들어달라고 했다. 그래서 결국 모터바이크를 만들게 되었다."

당시 영국 등에서 수입한 모터바이크가 있었지만 전혀 보급되지 않고 있었다. 전쟁이 끝난 뒤 석유를 구하기는 하늘에서 별 따기만큼 어려울 때였다. 그런 상황에서 자전거는 지금의 자동차처럼 사람들의 발 노릇을 톡톡히 했다. 게다가 상점에서는 자전거로 산더미 같은 짐을 실어 나르곤 했다.

'자전거에 동력을 단다면 사람은 훨씬 편해질 거야.'

혼다는 사람들도 편해지고 돈벌이도 된다고 생각했다.

일단 제품을 만들어 아내에게 바이크를 시험 삼아 타보도록 권유했다.

"내가 자전거 타고 시장에 가는 것이 보기 안쓰러워서 만들었다고 하더라고요. 그보다 여자라도 쉽게 사용할 수 있을지를 알아보기 위해서겠죠. 사람이 많은 도로를 달리게 했으니까요. 깨끗한 몸뻬 바지를 입고 탔는데, 돌아오니 한 벌뿐인 몸뻬 바지가 온통 기름때로 더

러워졌어요. 그래서 한마디 했죠. '이래선 곤란하죠. 물건을 산 고객들이 화를 낼 거예요.' 평소 같으면 '쓸데없는 소리 집어치워!'라고 할 사람이 '응, 그러네'라며 웬일로 인정을 하는 거예요. 나 참."

막상 시작하고 보니 없는 게 너무 많았다. 탱크를 만들 재료도 없었다. 생각다 못해 노점에서 작은 물통을 사서 자전거에 달았다. 그 물통이 가솔린을 넣는 탱크였다. 그러다 차츰 재료가 나돌기 시작했다. 하지만 군대에서 쓰다 만 엔진 같은 것은 그렇게 흔하지 않았다. 스스로 만들 수밖에 없어서 공장을 가동하기 시작한 것이 새 출발이 되었다.

전후 일본에서 미군정은 군국주의 부활을 두려워해 자동차 제조를 엄격히 통제했다. 가솔린마저 흔치 않았다. 전차는 정전될 때마다 섰고 버스는 사람으로 북새통을 이루었다. 열악한 교통상황에서 자전거는 서민의 발이 됐다. 자전거가 모터로 움직인다면 자전거는 더 중요한 수송수단이 될 것이라는 것을, 혼다는 사람들이 무엇이 필요한지를 꿰뚫어봤다.

혼다가 만든 모터바이크는 대히트를 쳤다. 너무 잘 팔려 미리 사두었던 엔진이 완전히 바닥이 나버렸다. 애초 월 200~300대를 만들 생각이었으나 나중에는 1,000대 정도 만들었다. 모터바이크는 쌀이나 무거운 짐을 싣고 가는 데 제 역할을 다했다. 관서 지방처럼 먼 데서도 자전거 가게 주인과 암거래상이 하마마쓰까지 물건을 사러 올 정도였다. 그는 수리점 간판을 내린 이유 중 하나로 먼 곳에서 고객이 오지 않기 때문이라고 했는데, 제조업을 하면서는 먼 곳에서도 제품을 사러 온 것이었다. 소문을 듣고 여기저기서 주문을 해왔다. 너무 잘 팔려 사들인 소형 엔진은 수요를 따라갈 수가 없었다. 이제 스스로 만드는 수밖에 없었다.

모터바이크의 성공이 엔진 기술로 이어지다

이 같은 히트를 발판으로 혼다는 모터바이크에서 오토바이 사업으로 진출할 수 있었다. 원래 기계를 만드는 것을 좋아한 터라 이참에 엔진까지 만들어보자는 생각을 하게 됐다.

　폭격을 당해 이곳저곳에 흩어져 있던 기계를 수리해 조이고 닦고 기름을 쳐 엔진도 만들었다. 이렇게 만든 엔진이 현재 혼다 오토바이 엔진의 원형이 됐다.

　혼다의 성공 비결은 남들과 다르게 생각한 데서 찾을 수 있다.

　많은 사람들이 모터바이크에 대해 이렇게 생각했다.

　"기름이 부족한 이때 모터바이크 따위를 탈 사람이 어디 있을까."

　하지만 혼다는 이렇게 생각했다.

　"기름이 없는 때여서 적은 양의 기름으로 움직이는 모터바이크가 필요할 거야."

자전거에 엔진을 단 모터바이크는 손쉽고 편리했다. 그러나 속도가 나지 않는 데다 내구력도 없었다. 혼다는 강력한 엔진이 부착된 탄탄한 프레임의 본격적인 오토바이를 제작하겠다고 결심했다.

혼다 소이치로가 독창적인 기술을 키울 수 있었던 것은 끊임없는 도전정신 때문이다. 어려움에 부딪쳐도 꺾이지 않고 되풀이해 도전하는 데 진가를 발휘했다. 그는 기술자란 실패했을 때 반드시 반성하지만 성공하면 반성하지는 않는다고 말했다. 실패는 성공을 이끄는 계기가 될 수 있지만 성공은 뒤의 성공을 반드시 약속하는 것은 아니라는 것이다.

이
나
모
리
가
즈
오

기술자로서 낭만을 좇기 위한 경영을 계속한다면,
성공하더라도 직원의 희생을 짓밟고 꽃을 피운 것밖에 되지 않는다.
회사 경영의 기본은 직원과 그 가족의 미래를 지켜주고
모든 사람의 행복을 추구하는 데 있다.

'아메바 경영'은
이렇게 시작됐다

이나모리가 교토세라믹을 창업한 지 만 3년째인 1964년 4월 말, 현장 직원 11명이 그를 찾아와 한 장의 종이를 내밀었다. '정기 승급과 임금 보장을 약속하라'는 내용이었다. 한 직원이 "요구사항을 받아들이지 않으면 모두 그만두겠다"고 말했다. 직원들은 배신자가 나오지 않도록 혈서까지 썼다고 했다.

이나모리는 문득 쇼후공업에 근무할 때를 떠올렸다. 그 또한 회사에 들어간 지 얼마 안 돼 일이 손이 잡히지 않을 정도로 그만두고 싶었기 때문이다.

사실 현장 직원들은 신생 중소기업이라는 열악한 환경에서 최선을 다하고 있었다. 근무시간은 오전 8시부터 오후 4시까지였지만, 실제로는 밤늦도록 이어지는 잔업을 거의 매일 해야만 했다. 일요일 근무도 해야만 했다. 불만이 쌓여갈 수밖에 없었다.

직원들의 소요 사태

이나모리는 그들이 힘들어하는 것을 알았지만 창업한 지 얼마 안 되는 회사가 무작정 직원들에게 실현하지도 못할 약속을 보장해서는 안 된다고 여겼다. 이나모리와 직원들 간의 마라톤 대화가 이어졌지만 결론은 나지 않았다. 그는 자신이 살고 있는 두 칸짜리 시영주택으로 그들을 데리고 갔다. 그는 직원들과 머리를 맞대고 설득을 시작했다. 설득은 사흘 밤낮으로 이어졌다.

"적당히 얼버무리기 위해 내년 임금상승률을 몇 퍼센트로 해주겠다는 약속을 쉽게 할 수도 있다. 하지만 그게 실현되지 않는다면 어쩌겠나. 나는 그러고 싶지 않다. 나를 믿고 따라준다면 반드시 그 요구 사항을 지키기 위해 나 스스로 노력하겠다."

사흘째 되는 날 마지막 한 사람만 남았다. 그 역시 마지막에는 이나모리에게 설득돼 울기 시작했다. 직원들을 모두 설득해 돌려보냈지만, 이나모리는 기쁘지 않았다. 젊은 직원들이 작은 회사에 인생을 맡기고 있는데, 그들을 위해 어떤 경영자가 돼야 하는지 고민이 깊어갔다.

이나모리는 자신이 갖고 있던 기술을 세상에 알리기 위해 회사를 세웠다. 그런데 이제 그런 낭만적인 생각만 하고 있을 수는 없다는 것을 뒤늦게 깨달았다. 그는 몇 주 동안 고민하다 결론을 냈다.

'기술자로서 낭만을 좇기 위한 경영을 계속한다면, 성공하더라도 직원의 희생을 짓밟고 꽃을 피운 것밖에 되지 않는다. 회사 경영의 기본은 직원과 그 가족의 미래를 지켜주고 모든 사람의 행복을 추구하는 데 있다.'

애증관계의 마쓰시타전기

교토세라믹이 처음으로 제품을 납품한 대기업은 마쓰시타였다. 처음에는 자리도 잡지 못한 중소기업에게 주문을 내준 마쓰시타전기가 이나모리는 무척이나 고마웠다. 당시 마쓰시타는 이미 일본에서 '경영의 신'으로 불리고 있을 때였다. 마쓰시타의 경영철학을 배우고 싶었던 이나모리는 마쓰시타의 협력 회사가 되었다는 것만으로 만족했다.

하지만 거래가 이어지면서 마쓰시타전기는 가격, 품질, 납기일에서 교토세라믹을 힘들게 했다. 교토세라믹은 원재료 가격이 상승해도 마쓰시타전기가 납품단가를 조정해주지 않으면 고스란히 그 부담을 떠안아야 했다. 거래 속성상 대기업이 갑(甲)이고 중소기업은 갑의 눈치를 살피는 을(乙)이기 때문이다.

이나모리는 "교토세라믹은 품질 면에서 다른 업체들보다 뛰어났고, 무슨 일이 있어도 납기일은 제때 맞추었지만, 제품 가격을 낮추라는 요구는 받아들이기 힘들었다. 그러다 보니 처음에 거래를 하게 되어 감사하던 마음도 점점 사라지고 말았다. 마쓰시타가 요구하는 인하가격 폭은 살인적이었고, 제품을 만들면 만들수록 손해 보는 장사였다"고 말했다.

하지만 그는 곧 다르게 생각해봤다. 오히려 마쓰시타전기 때문에 교토세라믹이 더욱 강해졌다고 역으로 생각한 것이다.

마쓰시타가 납품업체들에게 무리하게 요구하는 것은 결국 마쓰시타 제품의 품질을 향상시키고, 소비자들에게 제품을 제때 판매하기 위해서가 아닌가. 가격을 낮추라는 것은 소비자들에게 좀 더 싼 가격에 제품을 판매하기 위해서가 아닌가.

마쓰시타가 납품업체들을 다그치는 것은 결국 마쓰시타 전기산업 자신을 다그치는 것과 다를 바 없었다. 그리고 신생 전자 부품 업체인 교토세라믹이 기존 경쟁업체들과의 경쟁에서 이기는 길은 월등한 품질과 확실한 믿음, 가격 경쟁력이어야 했다.

'이 정도 요구에 응하지 못할 정도라면 교토세라믹은 하류에 머물 뿐이다. 교토세라믹도, 나도 그만한 능력을 갖고 있다. 이대로 질 수는 없다. 오히려 이 기회에 교토세라믹의 능력을 확실히 보여주자.' 나는 나 자신을 다

그쳤다. 이렇게 마음먹고, 마쓰시타 전기산업이 원하는 기준을 따르되 어떻게 하면 그 가격으로 이익을 만들어낼 수 있을지 고민하면서 비용을 절감하는 데 온 힘을 기울였다. 그리고 마침내 교토세라믹은 마쓰시타 전기산업의 최우수 거래 업체가 되었고, 이를 발판으로 교토세라믹의 사세는 날로 커져갔다.

교토세라믹이 전자 부품 분야에서 세계 최고의 기술을 자랑하고 월등한 가격경쟁력을 보유할 수 있었던 것은, 마쓰시타 전기산업의 까다로운 요구를 통과한 덕분이었다. 마쓰시타의 무리한 요구에 절망하지 않고, 적절히 대응하려고 필사적으로 노력한 결과였다. 마쓰시타가 교토세라믹에 안겨준 시련은 교토세라믹을 더욱 강하게 키워주었다. 그 힘 때문에 지금과 같은 세계 수준의 경쟁력을 가지게 된 것이라고 믿는다. 시련을 안겨준 마쓰시타 전기산업과 마쓰시타 고노스케에게 진심으로 감사드린다.
_이나모리 가즈오,『왜 일하는가』

믿을 건 기술뿐인 중소기업

직원들이 제품을 만들기 위해 밤낮으로 노력했다면, 이나모리는 영업에 매진했다. 창업 초기, 회사는 대부분의 수주를 마쓰시타전기에서 받았다. 하지만 언제까지 한 업체만을 상대로 사업을 해나갈 수는 없었다. 고객을 개척해야 했다. 히타치제작소, 도시바, 미쓰비시전기, 소니, 일본전신전화공사, 전기통신연구소 등을 찾아다녔다. 그곳에서 이나모리는 "괜찮은 고주파 절연재료를 개발했으니 한번 써보십시오"라며 견본을 전하고 반응을 살폈다. 매일 관련 업체를 돌아다녔지만, 무명의 교토세라믹에게 신규 진입 벽은 높기만 했다. 세라믹 제품은 새로운 소재였다. 대기업은 모두 생뚱맞게 그를 대했다. 애쓴 만큼 판매로 이어지지 않았다.

그러던 어느 날 한 기업에서 "이런 부품을 만들어줄 수 있느냐"며 제안을 했다. 이나모리가 도면을 보니 일본에서 개발한 적이 없는 부품이었다. 당시 기술로는 불가능한 정밀도와 기술을 요구했다. 그러나 이나모리는 물러서지 않았다. 그 자리에서 "하겠습니다"라고 말하고 주문을 받았다.

이나모리는 중견기업이 만들 수 있는 부품이라면, 굳이 이름도 생소한 교토세라믹에 맡기지 않았을 것이라고 생각했다. 무명의 교토세라믹은 다른 회사가 기술적으로 만들지 못한 것을 만들어야 성장할 수 있었다. 그것밖에 살아남을 수 있는 길이 없었다.

막상 주문을 따내도 부품을 만들 설비가 없었다. 하지만 포기하지 않았다. 설비를 갖춘 공장을 찾아가 그곳에서 설비를 빌렸다. 그 공장 영업이 끝난 뒤 일을 시작해 다음 날 작업을 시작하기 전에 일을 끝마쳐야 했다. 철야작업을 할 수밖에 없었다. 이렇게 해서 이나모리는 직원들에게 '절대 포기하지 말라'는 정신을 불어넣었다. 그때만 해도 일본 대기업은 미국에서 기술을 도입하는 경우가 많았다. 그는 교토세라믹 부품을 미국 업체들이 사용하게 되면 일본 대기업들도 따라서 사줄 것으로 기대했다.

1962년 여름, 이나모리는 한 달 예정으로 혼자 미국으로 갔다. 이나모리가 가는 곳마다 기술 수준이 높다는 평가를 받았지만 막상 수주로는 연결되지 않았다. 귀국하기 전날 밤, 종합상사 직원들이 송별회를 마련해주었다. 지점장은 "지금까지 많은 사람이 일본에서 이곳을 찾았지만 당신처럼 매일 회사를 찾아다니며 일에만 매달린 사람은 처음 봤다"라고 말했다.

2년 뒤 이나모리는 홍콩을 거쳐 유럽과 미국으로 다시 출장을 떠났다. 드디어 결실을 맺기 시작했다. 1964년 말 홍콩의 마이크로일렉트로닉스에서, 이듬해 미국의 페어차일드 등에서 제품을 구입하겠다는 주문이 들어오기 시작했다. 1964년 4월, 창업 5주년, 직원 28명으로 시작한 작은 회사는 어느덧 직원이 150명으로 늘었다.

직원 모두는 파트너이자 경영자다

이나모리는 경영자와 직원 간에 종적 관계가 아니라, 하나의 목표를 향해 꿈을 실현해가는 횡적 관계가 이뤄져야 회사가 제대로 굴러간다고 생각했다. 하지만 인원이 늘면서 직원들의 일체감이 떨어지기 시작했다.

"10명 안팎의 소집단은 강한 일체감을 보이죠. 영업담당자가 '주문을 받았다'고 소리치며 뛰어 들어오면 모든 사람이 자기 일처럼 기뻐해요. 밤늦도록 야근을 하다가 '자, 야식이 왔어요. 잠시 쉬면서 함께 먹어요'라고 하면 분위기가 살아납니다. 이처럼 가족 같은 분위기로 경영할 수 있어야 직원과 회사가 함께 행복할 수 있어요."

이나모리는 회사가 커져도 이런 조직으로 운영하고 싶었다. 창업 초기 열정을 유지할 수 있는 방법을 고민한 끝에 이나모리는 혁신적인 조직론을 꺼내들었다. 전체를 공정별, 제품군별로 몇 개의 작은 조직으로 나누고 하나의 중소기업처럼 경영을 맡겨 독립채산제로 운용하는 것이다.

이나모리는 소집단이 고정된 것이 아니라 하나하나가 환경 변화에 적응해 자기 증식을 한다는 뜻에서 '아메바'라는 이름을 붙였다. 회사가 점점 커져도, 사업 목적에 따라 독립 채산이 이루어지도록 조직을 나누는 것이다. 아메바 전원이 스스로 목표를 파악하고 그것을 달성하기 위해 저마다 노력할 수 있다는 믿음에서다.

아메바 조직은 직원을 적극적으로 경영에 참여시키고 성과를 향상시키기 위해 노력할 수 있도록 해준다. 중소기업처럼 기업가 정신을 가진 리더와 직원을 배출할 수도 있다. 현재 교토세라믹에는 아메바가 3,000개를 넘고 있지만 아직도 증식하고 있다.

이나모리가 아메바 경영을 위해 실천적으로 추진한 것이 소통이었다. 그는 직원들과 다과회를 자주 가졌다. 술잔을 부딪치며 일하면서 느끼는 어려움이나 일하는 방법, 인생 상담까지 서로 의견을 주고받았다. 어떤 때는 창밖이 밝아올 때까지 술잔을 놓지 않았고, 어떤 때는 칠흑 같은 어둠 속에서 개구리 합창을 들으며 얘기를 나누기도 했다. 다과회는 마음과 마음이 연결될 수 있는 좋은 자리이며 교육의 장이다. 이때는 상사도 부하도 없다. 전원이 마음을 열고 솔직하게 의견을 나눈다. 이를 통해 이나모리는 자신의 경영 철학을 직원들에게 전달하곤 했다. 지금도 본사는 물론 모든 공장에 다과회용 회의실이 꼭 마련되어 있다.

IBM의 테스트를 통과하라

1964년 4월, 태평양을 건너 기쁜 소식이 날아들었다. 세계 1위의 컴퓨터 회사인 IBM에서 IC용 직접회로기판(알루미늄 서브스트레이트) 2,500만 개를 발주한 것이다. 독일의 로젠탈(Rosenthal)과 덱구사(Degussa)와 경합을 벌여 따낸 수주였다. 연간 매출액이 5억 엔인 회사에서 1억 5,000만 엔이나 되는 물량을 발주 받았으니 엄청난 거래였다. 발주 받은 서브스트레이트는 IBM의 대형 컴퓨터 '시스템/360'에 들어갔다. 자사 전략 제품의 심장부에 들어가는 부품을 이름도 알려지지 않은 일본의 중소기업에 발주한 것이다.

"세계 일류 기업은 '공정성'을 중시한다. 기술력만 있으면 과거의 실적과 지명도에 관계없이 평가해준다. 그렇다면 한번 도전해보자. 이번 일은 우리 회사의 기술 수준을 세계 최고 수준으로 끌어올릴 수 있는 절체절명의 기회다."

하지만 IBM의 품질 기준은 차원이 달랐다. 치수의 정밀도가 교토세라믹스와 10배 이상 차이가 날 정도로 높았다. 보통 발주를 받으면 간단하게 정리한 설계도면을 한 장 보내는 정도였지만, IBM의 표준서는 책 한 권 분량에 이를 정도로 두꺼웠고 내용도 까다로웠다. 그래도 이나모리는 포기하지 않았다. 기술을 높여간다면 충분히 해결할 수 있을 것이라고 여겼다. 그렇게 되면 교토세라믹의 기술이 세계 최고 수준이라는 평가를 받을 수 있다고 확신했다. 그때부터 그는 필요한 제조 기구를 갖추는 일부터 하나하나 모든 일을 진두지휘했다.

발주를 받은 다음 달, 제품을 개발하느라 분주한 가운데 이나모리는 사장으로 취임했다. 창업한 지 8년째인 34살 때였다. 직책은 사장이었지만, 실제 생활은 현장 직원과 다를 바 없었다. 그는 공장 기숙사의 2인용 침대 방을 상무와 함께 썼다. 새벽 5시까지 일을 하고 기다시피 방으로 가 침대에 쓰러졌다.

제품은 쉽게 개발되지 않았다. 시간이 흐를수록 불량품은 늘어만 갔다. 그래도 포기하지 않았다. 납기일까지 20만 개 시제품을 납품했다. 하지만 상당 제품이 불량품이라고 판정받아 통째로 되돌아왔다. 발주를 받은 날로부터 7개월 뒤 드디어 합격 소식을 전달받았다. 직원 모두가 얼싸안고 기뻐했다. 그러나 앞으로가 문제였다. 2,500만 개라는 막대한 양을 납기에 맞춰야 했다. 24시간, 3교대를 하며 월 100만 개 목표로 생산에 들어갔다. 이나모리는 불량품이 나오면 돋보기와 현미경으로 들여다보며 결점을 찾았다.

2년 남짓 직원들이 추석과 설 연휴도 없이 일한 결과 드디어 기한까지 전부 납품할 수 있었다. 마지막 부품을 실은 트럭이 공장을 떠나는 모습을 보면서 이나모리는 가슴이 뭉클했다. 그리고 확신했다. '인간의 능력은 무한하다.' 해내고야 말겠다는 신념으로 노력하면 처음에는 불가능하게 보이던 일도 가능하게 된다는 것을 깨달았다.

이나모리는 IBM 구매 책임자의 말을 떠올렸다. "이 일을 완수한다면 교토세라믹의 기술은 몇 단계 올라설 것이다." 실제로 그랬다. 세계 1위 메이커에서 철저하게 단련되며 얻은 자신감은 무엇과도 바꾸지 못할 자산이었다. 교토세라믹의 제품이 IBM에서 높은 평가를 받아 주력 컴퓨터에 들어간다는 소문이 일본 업계에도 퍼져 나가기 시작했다. 그 뒤 일본의 전기 제조업체에서도 수주가 밀려들었다.

닮은 듯 다른
기업문화를 배워라

마쓰시타와 소니, 혼다와 도요타는 전자제품과 자동차 시장에서 경쟁하는 맞수 기업이다. 두 기업은 확연히 다른 모습을 보인다. 경영 전략부터 제품 생산, 기업문화까지 너무나 대비된다. 국내에선 삼성전자와 LG전자가 맞수 기업이듯, 일본에선 소니와 마쓰시타 전기가 라이벌 기업이다. 두 회사는 일본 전자산업을 이끌어 왔고, '메이드 인 저팬'은 최고의 제품이라는 인식을 전 세계에 심어줬다.

하지만 마쓰시타와 소니는 닮은 점보다 차이점이 도드라져 보인다. 창업자의 개성과 거기서 파생된 기업문화 때문이다. 도쿄에 본사가 있는 소니는 창업 당시부터 도시풍의 세련된 이미지를 갖고 있었다. 반면 오사카에 본사가 있는 마쓰시타 전기는 특유의 우직한 이미지였다.

창의의 소니 VS 개선의 마쓰시타

소학교를 중퇴한 마쓰시타 고노스케와 달리 소니의 두 창업자 이부카 마사루와 모리타 아키오는 대학 교육을 받았고 2차 대전 중에 기술개발에 몰두했다. 이부카는 보수적인 신사로 우수한 과학자였으며, 모리타는 영업과 국제적 감각이 뛰어났다.

두 사람은 일본이 패망한 이듬해인 1946년 5월 도쿄 니혼바시에서 방 하나를 빌려 '도쿄통신공업사'라는 그럴듯한 이름으로 사업을 시작했다. 두 사람은 처음부터 대학을 졸업한 우수한 기술자를 모았다. 자금이 떨어지면 모리타는 아버지에게 도움을 요청하곤 했다. 밑바닥부터 시작한 마쓰시타 고노스케보다 사업 초기에는 좀 수월했을 것이다.

소니는 일본 최초로 테이프레코더를 개발했다. 무게가 45킬로그램이나 됐다. 대졸 초임이 8,000엔이던 시절에 17만 엔이나 하는 값비싼 제품이었다. 하지만 소니는 테이프레코더의 무게를 줄여 학교와 정부기관에 납품하며 회사를 키워나갔다. 그 뒤 일본 최초로 트랜지스터라디오를 개발했다. 1979년에는 워크맨을 시판해 세계를 석권했다. 소니는 참신한 콘셉트와 독창적인 기능을 계속 선보였다. 워크맨, 카메라 일체형 비디오, CD, MD, 모바일 기기 등 일일이 열거할 수 없을 정도다. 경쟁사보다 앞서 재빨리 새로운 제품을 출시하고 시장의 화제를 독차지했다.

소니의 두 창업자는 신기술 개발에 끊임없이 도전했다. 소니는 전혀 새로운 분야에서 신제품을 개척해나갔지만, 마쓰시타는 기존 제품을 개량해 대량생산하는 경우가 상대적으로 많았다. 소니의 창의적인 사풍은 처음 제품을 만들 때부터 시작된 전통이었다.

소니가 신제품을 내놓고 시장을 만들면, 마쓰시타는 특유의 생산기술로 그 제품과 비슷한 상품을 만들어 판매력을 앞세워 시장을 선점했다. 마쓰시타가 "우리 회사는 소니라는 세계 최고의 연구소를 갖고 있습니다"라고 말했을 정도다. 그는 남의 것을 베껴 제품을 많이 만든다는 이유로 '마네시타(모방품만 만드는 마쓰시타)'란 오명을 얻기도 했다. 하지만 그는 이런 비판에 개의치 않았다. 고객 니즈를 파악한 뒤 이를 충족시키는 상품을 만드는 게 중요하다고 생각했기 때문이다. 그에 반해 소니는 선진적인 상품을 만들고 그 매력으로 구매욕을 자극하려 했다.

'창의'의 소니와 '개선'의 마쓰시타. 어느 쪽의 전략이 낫다고 한쪽 편을 들어주기는 힘들다. 어느 쪽이든 두 회사의 독특한 기업문화가 세계적인 기업으로 성장하는 데 기여했기 때문이다. 서로를 끊임없이 의식하면서 경쟁해온 결과 두 회사는 일본 경제 전체의 성장을 견인하는 중요한 역할을 했다. 맞수 기업의 경쟁력이 일본 전자제품의 경쟁력이 된 셈이다.

창의의 혼다 VS 개선의 도요타

혼다와 도요타도 마찬가지로 다른 행보를 보였다. 일본의 자동차 빅3의 사풍을 등산에 비유한 말이 일본에서 자주 회자된다. 혼다는 언제나 '비전'이라는 산의 정상을 바라보며 쉴 새 없이 올라가는 스타일이다. 닛산은 도시 청년처럼 늘 세련된 모습을 자랑하며 최단 코스를 찾는다. 반면 시골 청년을 닮은 도요타는 지게를 지고 발밑의 산길을 응시하면서 걸린 돌을 치우고 한 발 한 발 착실하게 올라가는 타입이다. 사실 도요타는 일본 기업 가운데 역사가 깊은 고참 기업이다. 일본식 경영, 보수적 사풍으로 유명하다.

1990년대 후반까지 10여 년 동안 혼다가 잘나가면서 일본식 보수 경영의 경쟁력이 땅에 떨어졌을 때도 도요타는 홀로 일본식 경영을 해나갔다. 도요타는 마쓰시타와 마찬가지로 첨단 기업으로 유명하지 않다. 오히려 앞선 기업을 그대로 모방하는 쪽에 가깝다. 대외적으로는 배타적이지만, 내부는 강하게 결집된 운명공동체의 모습도 드러낸다.

도요타의 기업문화는 일본 사무라이가 주군에게 충성을 보이는 것과 일맥상통한다. 직원들이 최고경영진을 옛날의 주군처럼 대하고 있다고 보면 도요타의 기업문화와 들어맞는다. 도요타 사내에서 창업가인 도요타가를 언급하는 것은 금기시 돼 있다. 어찌 보면 작은 종교국가처럼 보이기도 한다.

마쓰시타-도요타 VS 혼다-소니
. . . .

마쓰시타와 도요타가 비슷한 기업문화를 갖고 있다면, 혼다와 소니도 닮은꼴의 기업문화를 보유하고 있다. 소니의 창업자 이부타 마사루는 소이치로와 같은 기술자였다. 경영 파트너인 모리타 아키오는 혼다의 후지사와 다케오와 같은 경영의 귀재였다. 이런 황금 콤비 역시 유사하다. 혼다 소이치로와 이부카 마사루는 은퇴 뒤 절친한 친구가 됐을 정도로 죽이 잘 맞았다.

두 회사는 진취적이고 창의적인 것이 강점이다. 혼다는 일본 자동차 산업의 해외 진출을 이끌었다. 최초로 자동차레이스에 출전해 우승컵을 거머쥐었다. 일본차 가운데 가장 먼저 미국에 진출한 기업도 혼다였다. 혼다는 일본에서 젊은이의 자동차로 불린다. 혼다의 진취성과 열정이 젊은이들의 취향과 맞아떨어지기 때문이다. 일본의 기성세대는 후발주자인 혼다를 '오토바이를 만드는 회사'라고 여기지만, 일본의 20, 30대 젊은이들은 도요타보다 혼다를 더 좋아한다.

일본에는 '안티교진(Anti-巨人)'이라는 말이 있다. 교진(巨人)은 일본 최대의 프로야구 구단인 요미우리 자이언츠를 뜻한다. 표면적인 뜻은 요미우리 자이언츠를 응원하지 않는 사람이다. 하지만 안티교진의 의미는 단순히 요미우리 자이언츠를 응원하지 않는 사람에 국한되지 않는다.

요미우리 자이언츠는 주류(主流)의 상징적 의미를 갖고 있다. 대다수 일본 사람들은 대체로 보수적이고, 아웃사이더가 되기를 싫어해 주류에서 벗어나지 않으려고 한다. 때문에 프로야구팀의 경우엔 일본 최대 구단인 요미우리 자이언츠를 응원하고, 자동차는 도요타 자동차를 타며, 투표는 자민당에 한다. 그러나 젊은 층 가운데 상당수는 자민당보다 야당을 선호한다. 일본인들에게 가장 인기 있는 야구 대신 축구를 좋아하는 것도 젊은 층의 특징이다. 야구의 경우 요미우리 자이언츠 대신 한신 타이거즈 등 다른 팀을 응원한다. 남들과 다른 자신만의 개성을 찾는 스타일이다. 이들은 자동차에서도 도요타보다 혼다를 더 좋아한다. 디자인과 가속 성능에서 도요타보다 낫다는 평가 때문이다.

혼다와 소니는 기술을 중시하다 보니 큰 실패를 경험한 것도 비슷했다. 혼다가 공랭엔진을 고집하다 수랭식으로 바꾼 것처럼 소니 역시 가정용 VTR사업에서 베타방식을 고집하다 결국 마쓰시타의 VHS에 참담한 패배를 맛봐야 했다. 물론 혼다와 소니의 다른 점은 있다. 혼다는 소니와 달리 늘 작고 강한 회사를 꿈꿔왔다는 점이다. 혼다는 대형 승용차나 픽업트럭 같은 차종을 내놓지 않는다. 때문에 1980년대 후반까지만 해도 혼다는 일본 안에서 빅3에 들지 못했다. 그러나 넛산, 마쓰다, 미쓰비시 등이 버블경제 붕괴와 함께 몰락하면서 혼다는 2위로 떠올랐다. 자기만의 강점을 갖고 제 갈 길을 가고 있던 혼다가 도요타라는 경쟁 회사를 맞수로 맞이하게 된 이유다.

창의와 개선은 칼로 물을 베듯 분리하기 힘들다. 도요타는 모방의 달인으로, 직원들은 큰 그림을 보지 못하고 조그만 프로세서만 바꾸려 하는 것처럼 비친다. 하지만 그들은 매일매일 창의적인 일을 한다. 개선 작업은 창의적이다. 도요타 직원들은 무엇이 불필요한 낭비 요소인지 끊임없이 찾아내기 위해 창의적인 개선 방안을 제안한다. 도요타의 경쟁력도 직원들의 '지속적 개선' 활동에 힘입은 바 크다.

1948년 노벨문학상을 받은 영국 시인 T.S.엘리엇은 "미숙한 시인은 모방하고, 성숙한 시인은 훔친다"라고 말했다. 성숙한 시인도 베낀다고 생각하면 곤란하다. 그냥 베끼는 것이 아니라 기존의 것을 조합해 새로운 가치를 만들어낸다는 뜻이다. 오스트리아의 경제학자 슘페터는 '혁신은 새로운 결합'이라고 말했다. 혁신은 세상에 없던 새로운 것을 만드는 게 아니다. 단지 자원의 결합 방식을 바꾸거나 새롭게 결합해 가치를 높여주는 활동이 혁신이다.

3장

본질을 깨닫는 것이
성공의 지름길이다

마 고
쓰 노
시 스
타 케

기업가의 사명은 수돗물과 같이 무진장으로 제품을 만들어내는 데 있다.
편리한 전기제품을 싸게 구입할 수 있어야 세상은 풍요로워진다.
이것이야말로 세상을 위해, 사람을 위해 바람직한 일이 아니겠는가?
이게 바로 마쓰시타전기의 사명이다.

업(業)의 본질을
생각하라

1932년은 마쓰시타 고노스케에게 커다란 갈림길이 되는 해였다. 가내공업에서 시작한 회사는 창업 14년 만에 직원이 천 명을 넘어섰다. 사업 분야도 배선기구, 전열기, 램프건전지, 라디오의 4개 부문, 제조 품목은 200여 종이 넘었다. 10개의 공장, 자회사, 전국 5개의 지점, 출장소와 무역부를 두고 있었다. 이처럼 회사는 성장에 성장을 거듭하고 있었지만, 그는 마음 한편으로 다른 뭔가를 찾고 있었다.

수돗물 경영론

'경영이란 무엇인가?' 회사란 단지 상품을 생산하는 데 그쳐선 안 되고, 사명을 가져야 한다고 생각하기 시작한 것이다. 마쓰시타가 생각하기에 사업이란 인간 생활을 더욱 풍요롭게 하고 편리하게 만들어주기 위해 필요한 상품을 만들어내는 것이다. 세상에는 수돗물 같은 상품이 있다. 시냇물과 강물을 조금 가공한 수돗물은 그 어떤 상품보다 가치가 있다. 그럼에도 수돗물은 모든 사람에게 싼 가격으로 평등하게 공급된다.

길을 지나가는 행인이 남의 집에서 물건을 훔치면 처벌을 받는다. 행인이 더운 날 남의 집에 들어가 수도꼭지를 틀고 목을 축일 경우는 어떨까. 무례함을 나무랄 사람은 있을지 모르나, 물 때문에 처벌을 받지는 않는다. 어째서일까? 값이 너무 싸기 때문이다. 수돗물은 무진장에 가깝다. 기업가의 사명은 모든 상품을 수돗물처럼 무진장 만드는 것이다. 수돗물과 같이 저렴한 상품을 만들면 빈곤은 극복된다.

'기업가의 사명은 수돗물과 같이 무진장으로 제품을 만들어내는 데 있다. 편리한 전기제품을 싸게 구입할 수 있어야 세상은 풍요로워진다. 이것이야말로 세상을 위해, 사람을 위해 바람직한 일이 아니겠는가? 이게 바로 마쓰시타전기의 사명이다.'

'수도철학(水道哲學)'은 이렇게 생겨났다. 당시는 빈곤한 시대였기에 더욱 설득력이 있었다. 마쓰시타는 1932년 5월 5일, 자신의 철학을 회사에 공표하고 이날을 특별히 회사 창립기념일로 삼았다.

최초로 사업부제를 실시하다

1933년 마쓰시타는 일본 최초로 사업부제를 도입했다. 2차 대전 이전에 사업부를 도입한 유일한 회사였다. 라디오 부문을 중심으로 하는 제1사업부, 램프와 건전지 부문의 제2사업부, 배선 기구와 합성수지 부문을 합친 제3사업부가 그것이다. 1934년이 되자 제3사업부에서 전열기구 부문을 분리 독립시켜 제4사업부를 만들었다.

마쓰시타가 사업부 제도를 채택하게 된 직접적인 계기는 이랬다. "얼마 전 우리가 전열기를 만들게 되었을 때 곰곰이 생각한 일이 있었습니다. 나 자신이 전열기에 대해 잘 모르고 있다는 겁니다. 전문가가 필요했죠. 그때 생각한 것인데, 어차피 전문가에게 맡기는 것이라면 전열부를 따로 만들어 그 전문가를 책임자로 앉히는 편이 좋지 않겠냐는 것이었습니다. 인간에게는 선천적으로 리더가 되고 싶다는 욕구가 있습니다. 사업부제는 그런 욕구를 사내에서 충족시켜 의욕을 고취할 수 있도록 하는 시스템입니다."

사업부 제도를 채택하고 나니 책임 소재가 명확해졌을 뿐만 아니라 결함도 발견하기 쉬웠다. 한 사업부에 수익이 많다고 해서 이익을 다른 사업부로 돌릴 수는 없었다. 어디까지나 독립채산제로 추진해 나가야 했기 때문이다.

"게다가 생산과 판매를 직결해 시장 상황에 즉각 대응할 수 있어서 좋습니다. 말하자면 소공장을 많이 만들고, 그 집합체가 마쓰시타가 되자는 이론입니다."

회사 규모가 작을 때는 사장 혼자서도 회사를 관리할 수 있었다. 그러나 신규 사업을 벌이면 혼자서 모든 것을 할 수 없었다. 이 역시 사업부제가 나온 배경이었다. 마쓰시타가 결단한 사업부제는 인재를 육성하는 방법이기도 했다. 사원 한 사람 한 사람이 경영자라는 생각을 갖고 일하며 업무에 정면으로 맞부딪쳐 나가는 사람에게 모든 것을 일임하려는 방식이다. 사업을 무한궤도에 올려놓고 발전시켜나가려면 '사람을 육성해 그 사람에게 위임하는 경영이 가장 적절하다'고 생각한 것이다.

각 부문 책임자들은 점점 당당한 경영자로 성장해갔다. 사업을 성장시키면서 인재도 육성한 것이다.

미래를 내다보며 사업에 진출하다

마쓰시타가 모터를 생산하기 시작한 건 1933년 무렵이었다. 당시 모터 시장은 히타치와 같은 도쿄 지역 중공업 업체가 독점적으로 지배하고 있었다. 후발 제조업체가 끼어들 틈은 없었다. 게다가 중공업은 도쿄지역 회사에서, 소비재 공업은 오사카지역 회사에서 주로 만들고 있었다.

마쓰시타는 소형 모터 제작에도 착수했다. 요즘에는 냉장고, 믹서, 청소기 등 모터를 사용하는 제품이 가정에 많이 있지만, 당시만 해도 가정에서 소형 모터를 쓴다는 것은 상상할 수 없는 일이었다. 마쓰시타는 모터 시장에 진출한다는 기자회견을 열었다. 기자들의 질문이 이어졌다.

"마쓰시타가 뒷골목 공작소에서 시작해 대기업으로 급성장한 기업임에는 틀림없습니다. 하지만 중공업은 도쿄, 소비재 공업은 오사카로 영역이 정해져 있는 것으로 알고 있습니다. 성공 전망이 있는 것입니까?"

"그럼, 여러분께 되묻겠습니다. 나는 장래 각 가정에서 소형 모터를 사용하게 되는 날이 반드시 온다고 예견합니다. 여러분의 가정에서는 어떻습니까?"

"소형 모터를 쓰려면 적어도 오사카 최고 갑부 정도는 돼야 하지 않습니까?"

마쓰시타는 그 말에 고개를 끄덕이며 말을 이었다.

"역시 그렇군요. 한 대도 쓰고 있지 않다는 말씀입니다. 그렇다면 그만큼 막대한 수요가 미래에 예견되는 일이겠죠. 가까운 장래에 각 가정에서 소형 모터를 사용하게 될 것입니다. 그렇게 되면 여러분은 틀림없이 마쓰시타의 소형 모터를 사주실 거죠."

"그건 아주 먼 장래의 이야기가 아닙니까?"

"그렇습니다. 사업이란 먼 미래를 꿰뚫어 보고 노력하는 것입니다. 모터 수요가 지금은 제로지만 앞으로는 무한대가 될 것입니다. 저는 그런 유망한 사업에 지금 투자하려고 합니다."

마쓰시타가 모터 사업에 나선 것은 일본도 머지않은 장래에 한 가정에서 10대의 모터를 쓸 것이라고 확신했기 때문이다.

1936년 마쓰시타는 전구 사업에도 뛰어들었다. 당시 전구 업계는 외국기업과 제휴한 마쓰다 램프가 시장을 70퍼센트 가량 독점하고 있었다. 남은 30퍼센트를 놓고 수십 개 메이커가 경쟁을 벌이고 있었다. 다른 메이커들은 마쓰다 브랜드의 가격 경쟁력에서 밀렸다. 마쓰다 램프의 전구 가격이 36엔인데 반해 경쟁 업체 제품은 10~20엔에 팔렸다.

그런데 마쓰시타는 마쓰다와 똑같이 36엔에 판매할 것을 통보했다. 대리점과 도매상이 마쓰시타가 무모한 도전을 한다며 일제히 들고 일어섰다. 마쓰시타 전구를 취급하지 않겠다고 선언하는 대리점도 속속 생겨났다.

이때 마쓰시타가 판매점을 설득하기 위해 내세운 것이 '두 명의 요코즈나(스모의 고수로 천하장사란 뜻)'였다.

"현재 전구업계는 요코즈나 한 사람이 독점하고 있습니다. 아시다시피 씨름계도 천하장사 한 사람으로는 관객을 모을 수가 없습니다.

서로 힘이 막상막하인 천하장사가 다투어야 관객을 부를 수 있습니다. 아무쪼록 마쓰시타를 천하장사로 만들어주십시오."

마쓰시타의 설득에 끌려 대리점 주인들은 하나둘씩 반발을 누그러뜨렸다. 천하장사 한 사람만으로는 안 된다는 마쓰시타의 논리가 대리점 주인들에게 먹힌 것이다. 물론 이렇게 공언한 이상 마쓰시타전기는 최고의 전구를 만들어야 했다.

일본 군부 아래의 마쓰시타

마쓰시타전기는 일본 군부의 침략주의 정책이 표면화되면서 내수 상품 생산에 애로를 겪게 된다. 군부는 '국가총동원법'을 발동한 데 이어 1939년 9월 18일에는 가격을 기준으로 모든 물가를 통제하고 가격통제령을 선포했다. 물가, 임대료, 수송비, 임금 등을 이날 이후로 인상할 수 없도록 한 것이다. 기업으로선 일상적인 제조나 판매 행위를 그만두라는 것과 다를 바 없었다.

이 무렵 군부는 목재, 의료품, 성냥, 설탕 등에 대해 배급제를 실시했다. 국내에서도 가격통제령으로 정주영은 '경일상회'라는 쌀가게를 매각할 수밖에 없었고, 구인회도 포목점을 접을 수밖에 없었다.

1941년 진주만을 폭격한 군부는 이듬해 쌀, 담배, 고기, 생선, 설탕, 심지어 소금까지 배급제를 실시했다.

마쓰시타전기의 8천 명 직원들도 군부의 방침에 따라 전쟁 체제에 협조하지 않을 수 없었다. 군에서 파견된 감독관이 날마다 찾아와서 군도를 번득이며 감시했다. 어느 날 마쓰시타가 한 직원에게 물었다.

"통제경제가 되면 내수품은 어떻게 될까?"

"일본은 철이나 석유, 알루미늄, 주석, 고무 등 모든 것을 수입에 의존하고 있습니다. 그러므로 전쟁이 확대되면 당연히 민간에게 돌아갈 자재가 줄어들게 마련입니다. 기업마다 한정된 자원을 확보하기 위해 난리가 날 것입니다."

"음, 그렇겠지. 하지만 국민 생활에 필요한 전구나 자전거, 램프, 라디오 같은 것을 만드는 데도 통제를 할까?"

"예. 현재의 군사우선 정책과 군부의 강력한 압력으로 보아 민간 기업한테는 물자를 넘겨주려고 하지 않을 것입니다. 전구가 끊어지건, 라디오가 망가지건 군부는 그저 참고 견디라고 하겠지요."

"그렇게 되면 우리 회사는 어떻게 되지?"

"그야 군수품을 만들 수밖에 없지요."

"……."

1937년 중일전쟁 발발로 시작된 전시 체제는 민수중심이던 마쓰시타의 사업구조에 변화를 가져왔다. 1938년 전기스토브 사업이 사라졌고 기존 제품은 점차 군수로 충당됐다. 건전지, 배선기구, 무전기 등의 군납이 시작됐고 일부 무기의 부품을 생산했다. 1940년대 들어 마쓰시타는 군수회사를 만들어 목조 선박을 건조했다. 당시 조선 사업을 이끌던 사람은 처남 이우에 도시오였다. 다음에는 항공기 기체를 제작하라는 군부의 지시가 떨어졌다.

비행기를 생산한 지 얼마 지나지 않아 일본이 패전해 생산량은 얼마 되지 않았다. 마쓰시타가 만든 비행기는 3대에 그쳤다. 그러나 군수제품 생산에 참여했기 때문에 마쓰시타는 2차 세계대전 종전 뒤 시련을 맞이한다.

소
혼 이
다 치
로

"내게는 오토바이를 만들어내는 손보다 훨씬 소중한 존재가 있다.

이인삼각 경영자로 고락을 같이해온 후지사와다.

그가 없었다면 지금의 나도 없다.

뼈가 앙상한 내 손을 볼 때마다 그렇게 생각한다."

혼다를 완성시킨
투톱 체제

후지사와 다케오를 빼놓고는 혼다 소이치로를 제대로 설명할 수 없다. 둘은 단짝이자, 콤비이자, 혼다 경영의 투톱이었다. '후지사와가 없었더라면 혼다는 그저 동네 자동차 공업사 사장으로 끝났을 것'이라는 말이 나올 정도로 두 사람은 서로에게 필요한 존재였다. 혼다와 후지사와의 첫 만남은 혼다가 새로운 오토바이 모델을 만들고 난 직후였다.

혼다는 1948년 9월 자본금 1백만 엔으로 고향 하마마쓰에서 혼다 기연공업을 설립했다. 그리고 2사이클 98cc로 소형이기는 했지만 3마력의 신형 엔진을 부착한 오토바이를 만들었다. '스피드에 꿈을 맡긴다'는 의미로 신형 오토바이 모델 이름은 '드림'으로 지었다.

혼다와 후지사와의 만남

혼다는 월 1,000대를 만들어냈지만, 패전 뒤의 혼란기여서 외상값을 회수하는 데 골머리를 앓았다. 거래처 대부분이 시골의 작은 자전거 가게여서 제품을 갖다 주고 월말에 수금하러 가면 가게가 폐업된 곳이 많았다. 물건을 팔아도 대금 회수가 제대로 되지 않은 것이다.

기술자인 혼다로선 회사 운영이 쉽지 않았다. 그 스스로도 "나는 어떤 숫자든 뒤에 밀리미터나 퍼센트가 붙어 있으면 전부 외워버린다. 그러나 마지막에 엔이 붙으면 도통 기억할 수가 없다"고 말했을 정도였다.

가까운 사람의 소개로 혼다는 후지사와를 만나게 된다. 1949년 8월, 혼다는 42살, 후지사와는 39살이었다. 두 사람은 점심으로 국수를 먹으면서 한 시간 정도 이야기를 나누었다. 첫 만남에서 서로 의기투합했다. 혼다는 그때 세계 최고의 자동차 회사를 넘어 비행기를 만들겠다고 선언했다.

도쿄 출생인 후지사와는 20살에 기계 설비를 만드는 회사를 세웠지만 기술을 잘 알지는 못했다. 대신 그는 상술에 뛰어났다. 후지사와를 영입한 혼다는 기술과 생산만 맡았다. 후지사와는 재무를 포함한 경영 전반을 책임졌다. 혼다에게 후지사와는 혼자서 실현할 수 없는 꿈을 가능하게 해준 동반자였다. 후지사와는 혼다를 통해 자신의 꿈을 이루려 했다. 후지사와의 꿈 역시 '세계 최고의 자동차를 만드는 것'이었다.

혼다는 후지사와에 대해 이렇게 말하곤 했다.

"내게는 오토바이를 만들어내는 손보다 훨씬 소중한 존재가 있다. 이인삼각 경영자로 고락을 같이해온 후지사와다. 그가 없었다면 지금의 나도 없다. 뼈가 앙상한 내 손을 볼 때마다 그렇게 생각한다."

엔진을 실험하며 부둥켜 울다

판매 부문에 후지사와를 맞아들인 혼다는 1950년 3월 도쿄로 진출한다. 하지만 당시만 해도 혼다는 지방 중소기업이었다. 그때는 후지중공업, 미쓰비시중공업 등 대기업들이 만들어내는 오토바이가 시장을 장악하고 있었다.

대기업과 맞서려면 기술이 있어야 했다. 혼다는 일상적인 회사 운영을 후지사와에 맡긴 이후 자신이 하고 싶은 기술 개발에 몰입할 수 있었다. 새로운 환경에서 연구를 진행한 결과, 혼다는 당시 사용하던 2사이클 엔진 대신 4사이클 엔진을 만들어냈다. 그 엔진을 '드림'에 부착한 뒤 테스트를 했다.

1951년 7월 폭풍우가 내리치는 궂은 날, 혼다가 개발한 엔진을 부착한 드림 오토바이가 하마마쓰를 출발했다. 혼다와 후지사와도 자동차를 타고 오토바이 뒤를 따랐다.

난관은 하코네 산이었다. 그 시절 험준한 길로 소문난 하코네를 넘을 수 있는 오토바이는 별로 없었다. 당시 엔진으로 하코네를 넘자면 여러 번 쉬어도 엔진이 뜨거워졌다. 그러나 드림 오토바이는 혼다가 몰고 가는 자동차와 쭉쭉 간격을 벌려 나갔다. 놀라운 속력으로 단숨에 고개 정상까지 올라갔다. 게다가 엔진은 전혀 과열되지 않았다.

아시노코(하코네를 대표하는 호수)가 보이는 산 정상에 먼저 와 쉬고 있던 오토바이 운전사와 혼다, 후지사와는 감격에 겨워 억수같이 쏟아지는 빗속에서 얼싸안은 채 눈물을 흘렸다. 그때 오토바이 테스트 드라이버였던 카와시마는 그 뒤 34살의 나이로 혼다기술연구소 중역이 됐다.

새 모터바이크를 만들다

당시 일본에서 가장 많이 보급된 교통수단은 자전거였다. 오토바이와 자동차를 판매하고 있는 곳은 전국적으로 300여 곳에 그쳤다. 후지사와는 판매를 확대하려면 대리점 숫자를 늘려야 한다고 생각했다. 그는 더 넓은 전문 유통망을 구상했다.

드림 오토바이는 값이 비싼 편이어서 그때까지 소득 수준이 낮은 일본에서 대중적으로 판매하기가 쉽지 않았다. 후지사와는 기존제품보다 더 가벼운 엔진을 단 저렴한 모터바이크를 만들어 팔면 판매망을 확보할 수 있다고 여겼다. 어느 날 후지사와가 혼다에게 말했다.

"모터바이크를 더 가볍게 할 수 없습니까? 절반 정도면 딱 좋겠습니다."

혼다의 모터바이크는 무게가 14킬로그램으로 꽤 무거웠다. 후지사와는 더 가볍게 만들어 다루기 쉽게 하면 판매를 늘릴 수 있다고 본 것이다.

혼다는 엔진 무게를 7킬로그램으로 절반까지 줄이는 데 성공했다. 그가 디자인한 '흰색 탱크에 빨간색 엔진'도 큰 인기를 얻었다. 경쾌한 디자인으로 만든 새 모터바이크에 '커브'라는 이름을 붙였다.

후지사와는 전국 5만 5,000개 자전거 판매점을 판매망으로 조직하기로 했다. 그는 그중 한 곳에 편지를 보냈다.

"이전 세대의 자전거 가게는 체인을 고치거나 펑크를 수리하는 영업 관행에서 벗어나 과감히 수입 자전거 판매를 결심했습니다. 전후 시대가 달라졌습니다. 엔진이 달린 탈것을 고객이 요구하고 있습니다. 혼다는 지금 자전거에 엔진을 달았습니다. 흥미롭지 않은가요? 답장을 바랍니다."

반응은 빨랐다. 답장이 3만 통에 이르렀다. 후지사와는 받자마자 다시 자전거점에 편지를 띄웠다.

"관심을 가져주어 대단히 고맙습니다. 한 집에 한 대씩 보내드리겠습니다. 소매는 2만 5,000엔이지만 도매는 1만 9,000엔입니다."

편지로 확보된 거래처는 1만 3,000개였다. 커브의 성공으로 후지사와는 판매망의 기초를 만들었다고 할 수 있다. 커브는 대량생산과 대량판매를 가능하게 한 매우 획기적인 상품이었다. 주문은 이어졌고, 이에 맞춰 생산설비를 갖춰야 했다.

경영 위기에 내몰리다

혼다는 최고의 생산시설을 갖추고 싶었다. 기술을 높여 세계에서 제일 성능이 좋은 엔진을 개발하면 수입을 줄이고 수출을 확대할 수 있다고 생각한 것이다.

1953년 당시 자본금이 겨우 6천만 엔이던 회사가 자동선반과 그밖의 공작기계를 스위스, 미국, 독일 등지에서 4억 5천만 엔을 들여 새로 구입했다. 당시 굴지의 자동차 제조회사 도요타나 닛산의 생산설비와 맞먹는 수준이었다. 설립한 지 겨우 5년 남짓한 기업이 어마어마한 도전을 결행한 것이다. 그는 이렇게 말했다.

"당시 미국 원조로 들어온 자금은 고급 외제차, 위스키, 화장품 같은 비생산적인 소비재 산업에만 투자됐고, 생산에 기여하는 제품에는 투자되지 않았다. 나는 이 기회에 생산기계를 수입하면 설령 회사가 도산하더라도 기계 그 자체는 일본에 남아서 돌아갈 것이라고 생각했다. 세계의 진보에 뒤쳐져서 자멸하든지, 위험을 무릅쓰고라도 새로운 기계를 수입해서 승부하든지 한 가지를 선택해야 했다. 나는 후자를 선택했다."

그러나 운이 나빴다. 이듬해 일본 경기가 불황에 빠지면서 회사의 재무상황은 최악으로 떨어졌다. 언론은 '혼다의 전후파(2차 대전 뒤의 허무적 퇴폐적 경향)가 시작됐다'며 위기를 잇달아 보도했다. 하루라도 빨리 채무를 갚아야 했다.

이때 후지사와가 팔을 걷어붙였다. 그는 현금흐름의 악화를 막기 위해 제품을 판매한 뒤 열흘 남짓 안에 대금을 전부 회수하도록 했다.

혼다는 돈벌이가 될 좋은 물건을 만드는 일에 전념했고, 후지사와는 빨리 대금을 회수하는 방법을 고민했다. 외국에서 기계를 수입하는 경우 기계가 공장에 도착하면 기술자가 설명서를 보고 기술을 익히는 게 통상의 방법이었다.

하지만 그렇게 해서는 빚으로 구매한 기계를 빨리 운영하기 힘들어진다. 혼다는 기계를 설치할 공장 터를 미리 정비해 기계가 들어오면 당일부터 가동시켰다. 기계를 최대한 빨리 움직여 하루라도 빨리 빚을 갚기 위해서였다.

후지사와는 잠도 안 자고 먹지도 못한 채 자금 마련을 위해 뛰어다녔다. 그는 당시의 고통을 이렇게 회고한다.

"온난한 지대의 대나무는 마디와 마디 사이가 넓게 자라기 때문에 강풍이나 눈을 만나면 꺾이기 쉽다. 그러나 비바람을 견딘 대나무는 마디와 마디 간격이 좁고 튼튼하게 자라서 강하고 다부지다. 그때는 마디와 마디 사이가 상당히 짧았던 시기였다."

혼다와 후지사와는 주거래 은행인 미쓰비시 은행을 빈번히 드나들었다. 자금조달을 위해서는 은행 지원이 필요했기 때문이다. 후지사와의 회고이다.

"미쓰비시 은행에서 나는 무엇이든 말했다. 하나도 숨기지 않았고 나쁜 점도 전부 말했다. 심사부장도 전무도 은행장도 혼다기연에 관해 전부 알고 있었다. 당시 미쓰비시 그룹 내에는 미쓰비시 중공업이 있었다. 미쓰비시 은행이 혼다를 미쓰비시 중공업에 매각할 것이라는 우려도 있었다.

그러나 내가 어떤 이야기를 해도 미쓰비시 중공업에 흘러 들어가지 않았다. 우리 회사 사정을 바로 알고 있어야 은행도 정확한 판단을 내릴 수 있다. 미쓰비시 은행은 '혼다기연에는 빌려줄 수 없지만 혼다와 후지사와라면 빌려줄 수 있다'며 대출을 승인했다."

이렇게 해서 설비투자와 경기후퇴가 초래한 경영 위기를 혼다와 후지사와는 극복할 수 있었다. 매상이 저조했던 원인도 하나씩 해결되면서 혼다는 또 다른 도전을 준비했다.

이
나
모
리
가
즈
오

우리 회사는 그저 지방의 경마경기에서 좋은 성적을 올린 말과 같다.

주주들은 그 말이 중앙 경마경기에서

꼭 우승하리라는 믿음으로 '마권'을 산 사람들이다.

우리는 계속 이기지 않으면 안 되는

피할 수 없는 운명을 맞게 된 것이다.

댐 경영론을 듣고
깨달음을 얻다

이나모리는 교토세라믹이 성장하면서 어떻게 해야 회사를 올바르게 경영할지 고민하기 시작했다. 그는 성공한 경영자의 노하우를 배우고 싶었다. 1965년 마쓰시타 고노스케가 교토에서 자신이 내건 '댐 경영론'에 대한 강연을 열었다.

댐 경영이란 한마디로 경영 속에 저수지를 도입하는 것이다. 홍수를 방지하거나 가뭄 때 물을 방류할 수 있는 댐처럼 기업도 평소에 여유를 갖고 있어야 어려움이 닥쳤을 때 도움이 된다. 경영에서도 자금이나 설비, 재고, 기타 경영전반에 걸쳐 저수지를 만들고 필요할 때 사용할 수 있도록 여유를 가지고 경영해야 한다는 것이다.

마쓰시타는 댐 경영론을 주창하며 이런 말을 했다. "나는 신규사업을 하는데 1억 엔이라는 자금이 필요하다면 1억 2천만 엔을 준비하고 만약 1억 엔밖에 조달할 수 없다면 사업계획을 조정해 8천만 엔 수준으로 낮춘다. 항상 2천만 엔이라는 여유자금을 가지고 만약의 사태에 대비한다. 설비투자를 할 때에도 90퍼센트의 가동률로도 채산이 맞도록 해둔다."

이나모리는 당시 일본에서 '경영의 신'으로 불리던 마쓰시타의 강연을 듣기 위해 곧바로 참가를 신청했다. 강연회는 발 디딜 틈이 없을 정도로 교토의 재계 인사들로 북적거렸다. 이나모리는 강연장 맨 뒷자리에서 강연을 들었다.

강연이 끝난 뒤 질의응답 시간에 한 사람이 질문을 던졌다.

"저는 중소기업 경영자입니다. 말씀하신 댐 경영론에 대해 많은 사람들이 동의할 것입니다. 하지만 구체적으로 어떻게 해야 하는지 가르쳐주시지 않겠습니까?"

이에 마쓰시타는 당황한 표정을 지으며 잠시 생각하다 이렇게 말했다.

"그건 생각만큼 어렵지 않습니다."

강연장 여기저기서 술렁거리는 소리가 들렸다. 마쓰시타가 구체적인 답을 내놓지 않았기 때문이다. "너무 무책임하게 말하는 거 아니냐"라는 목소리도 들렸다. 하지만 이나모리는 "생각만큼 어렵지 않다"라는 말을 들으면서 온몸이 휘청거림을 느꼈다.

그는 '생각만큼 어렵지 않다'는 한마디 답변 속에 숨겨진 의미를 읽었고, 회사로 돌아오는 내내 그 말을 곱씹었다. 마쓰시타 고노스케는 '생각만큼 어렵지 않다'는 한마디로 다음과 같은 말을 전하고 싶었을 것이다.

"댐 경영처럼 여유 있게 경영하기 위해서 어떻게 해야 하는지는 한마디로 말할 수 없습니다. 여러분의 회사에는 여러분 회사만의 방법이 있으니까요. 그렇기 때문에 나는 방법을 가르쳐줄 수 없습니다. 하지만 한마디만 하자면, 그렇게 경영하지 않으면 안 된다고 다짐하고 실천해야 합니다. 그 다짐과 실천이 경영의 시작입니다."

내 해석이 옳았는지는 그 말을 한 마쓰시타 고노스케만이 알 것이다. 그러나 나는 그의 마지막 말에서 그가 정말하고 싶어 한 말이 무엇인지 떠올렸다. 그것은 교토세라믹을 창업한 후 내가 절실히 바란 것이고, 이루고 싶은 것이었다. 경영자라면 누구나 '저 사람처럼 대기업의 회장이 되었으면 좋겠다' '나도 저 사람처럼 회사를 크게 키우고 싶다'고 생각한다. 그러나 그런 꿈만으로는 결코 그곳에 이르지 못한다. 꿈이 아무리 근사해도 꿈으로만 그쳐서는 안 된다. 꿈이 아니라 반드시 이루어야 할 목표가 되어야 한다.

그러려면 진정으로 그처럼 되고 싶은지, 아니면 부러워서 그런 것인지 분명하게 따져봐야 한다. 그리고 그 꿈을 실현하기 위해 구체적으로 무엇을 어떻게 해야 할지 스스로 방법을 모색하고 길을 찾아야 한다. 그러면 댐 구축은 뜬구름이 아니라 바로 자신의 일이 될 것이다. 마쓰시타 고노스케 는 그 누구도 아닌 내게 그렇게 말하고 있었다. 중요한 것은 그렇게 하겠 다는 굳은 다짐이며 실천이다. 이것은 일뿐 아니라 삶에서도 잊지 말아야 할 철칙이다.

_이나모리 가즈오, 『왜 일하는가』

문화적 차이를 극복하다

이나모리는 1971년 미국 반도체회사 페어차일드를 방문했다. 그곳 에서 "캘리포니아 샌디에이고에 있는 세라믹 패키지 공장을 인수하 면 어떻겠냐"는 제의를 받게 된다. 뜻밖의 인수 제안에 고민하던 이 나모리는 회사를 인수하기로 결정했다. 공장을 인수한 지 두 달이 지 난 뒤 본격적인 운영에 들어갔지만 생산은 제대로 되지 않았고, 적자 는 쌓여만 갔다. 두 나라의 업무 스타일과 기업문화 차이 때문이었다. 미국 기술자들은 생산 직원들과 함께 일하는 것을 꺼려했다. 그냥 사 무실에 앉아 공장 생산라인에 지시만 했다. 반면 교토세라믹 기술자 는 매일 현장에 나가 문제점을 체크하고, 이에 대한 해결책을 찾으려 했다.

미국 기술자들은 공장에 나가 생산 직원들과 함께 작업하라는 회사의 지시에 강한 불쾌감을 드러냈다. 또 현지 직원들은 납기일을 맞추는 것에 상관하지 않고 퇴근시간이 되면 '칼퇴근'을 했다. 이런 문제가 일어날 때마다 미국 공장에 파견 나가 있던 교토세라믹 직원들이 본국 담당자와 직접 연락해 지시를 받았다. 그러다 보니 미국인 공장장은 상사인 자신을 무시한다고 생각해 본사에 항의하기도 했다.

직원 관리가 제대로 되지 않아 납기일을 제대로 맞추지 못했고 품질도 영향을 받았다. 적자가 이어질 수밖에 없었다. 이나모리는 미국 공장을 폐쇄해야겠다는 생각까지 했다.

그러나 일본에서 파견 나온 5명의 직원들은 조금만 시간을 달라고 제안했다. 이들은 개인적인 서양 업무 스타일을 공동체적인 동양의 업무 스타일로 바꿔나갔다. 일단 교토세라믹에서 파견 나온 직원들 스스로가 솔선수범했다. 가장 먼저 출근해 가장 늦게 퇴근하면서 회사 일을 자기 일처럼 했고 아무리 어려운 일이라도 마다하지 않았다.

이나모리도 작업복 차림으로 샌디에이고 공장을 방문하곤 했다. 미국 직원들은 사장이 작업복을 입고 공장에 찾아오는 것을 한 번도 본 적이 없었다. 이나모리는 공장을 방문할 때마다 조촐한 잔치를 벌였다. 공장 직원들은 집에서 조금씩 음식을 가져와 서로 음식을 나눠 먹었다.

교토세라믹 직원들의 일하는 모습을 '일 중독자'처럼 바라보던 현지 공장 직원들도 서서히 변하기 시작했다. 현지 직원들도 공장에 대해 좀 더 관심을 갖고 바라보게 된 것이다. 그러자 파견 나온 직원들과 현지 직원들이 의기투합하면서 공장 분위기가 변하기 시작했다. 공장을 인수한 지 1년 10개월 만에 처음으로 흑자를 기록했다.

회사를 상장시키다

회사가 성장하면서 이나모리는 회사를 주식시장에 상장하는 게 어떻겠냐는 조언과 권유를 받게 된다. 갈수록 자금 수요는 늘어났고, 투자금을 모아 투자를 해야 일자리를 더 많이 만들 수 있었다. 이나모리는 회사를 상장하기로 결심한다. 다만 그는 상장을 하는 방식에 대해 고민했다.

상장에는 두 가지 방식이 있었다. 먼저 기존 주주가 갖고 있는 주식을 시장에 내다 파는 방식이다. 이 경우 기존 주주에게 막대한 프리미엄이 돌아간다. 또 하나는 회사가 신주를 발행해 시장에 공개하는 방식이다. 상장할 때 주식을 판 대금은 회사로 돌아온다.

상장을 자문한 증권사들은 "지금까지 회사를 경영하느라 수고가 많았으니, 첫 번째 방식으로 하는 게 좋을 것 같다"고 제안했다. 그러나 이나모리는 두 번째 방식을 택했다. 창업자가 이득을 취하는 것보다 회사의 자기자본을 충실히 하는 게 더 낫다는 생각에서였다.

그는 "회사 자금이 여유롭지 못하면 불확실한 경제 환경 속에서 살아남지 못해요. 직원을 위해서라도 여유자금을 마련해둬야 합니다. 개인의 이득보다 기업 이익을 더 중시하는 것이 경영자로서 당연한 책무니까요"라고 생각했다.

교토세라믹은 1971년 10월 오사카 증권거래소 2부와 교토 증권거래소에 상장한다. 공모 가격이 주당 400엔. 상장 첫날 주가는 590엔, 거래량은 80만 주였다.

상장 첫날 밤, 이나모리는 회사에서 축하연을 열었다. 즐거워하는 직원들을 보면서 이나모리 역시 기뻤지만 한편으론 앞으로 어떻게 해야 할지 걱정도 앞섰다.

그는 그날 밤 줄곧 이런 생각에 빠져 있었다.

'앞으로는 직원과 그 가족뿐만 아니라 투자자와 주주에게도 책임을 져야 한다. 그들은 우리 회사가 앞으로 더 나은 실적을 낼 것이라고 기대하고 주식을 산 사람들이다. 우리 회사는 그저 지방의 경마 경기에서 좋은 성적을 올린 말과 같다. 주주들은 그 말이 중앙 경마 경기에서 꼭 우승하리라는 믿음으로 '마권'을 산 사람들이다. 우리는 계속 이기지 않으면 안 되는 피할 수 없는 운명을 맞게 된 것이다.'

전 직원을 데리고 홍콩으로 '고고씽'

1971년 말 이나모리는 임직원에게 색다른 인센티브 제안을 했다. "내년 월 매출이 9억 엔을 넘으면 홍콩으로 해외여행을 가고, 월 매출이 8억 엔에 그치면 교토 사찰에서 좌선을 한다"는 제안이었다. 그때만 해도 보통 사람들이 자유롭게 해외여행을 할 여유가 없는 시기여서 이런 제안이 나오자 회사는 해외여행으로 술렁거렸다.

해외여행에 가기 위해 열심히 일하자는 결의가 번져나갔다. 쉽지만은 않은 제안이었다. 그해 교토세라믹의 월 매출액은 5억~6억 엔이었다. 해외여행을 가려면 매출액을 두 배 가까이 올려야만 했다.

이나모리가 이런 제안을 한 것은 10년 전 자신의 경험에서 비롯됐다. 그는 1962년 최초로 해외 출장을 갔다. 미국으로 가기 위해 하늘로 날아올랐을 때의 감격을 잊을 수 없었다. 그런 감격을 고생하는 전 직원이 느낄 수 있게 해주고 싶었다. 꿈만 같던 목표를 달성했다. 월 매출액 9억 8천만 엔을 달성했다.

1973년 1월, 전 직원 1,300명은 오사카와 가고시마 공항에서 홍콩으로 가는 전세기 편에 몸을 실었다. 청소하는 아주머니부터 사장까지 상하 구별 없이 함께했다.

공장에는 시골에서 올라와 일하는 사람이 많았다. 도시 사람들도 해외여행을 상상하지 못하던 시대여서 대부분 비행기를 처음 타보는 경우가 대부분이었다. 비행기 안은 들뜬 사람들로 소란스러웠다.

홍콩에 도착해 고급 호텔에 투숙할 때까지 흥분은 가라앉지 않았다. 첫날 저녁은 해상 레스토랑인 씨 팔레스(sea palace)에서 해산물 요리를 먹을 계획이었다. 두 시간 정도 여유가 있어 직원들은 호텔에서 휴식을 취했다. 그런데 직원들이 묵고 있는 방마다 소란이 일어났다.

이나모리가 나와 보니, 욕실에서 온수를 어떻게 사용하는지 몰라 우왕좌왕하고 있는 것이다. 이나모리가 온수 트는 방법을 직접 가르쳐주었다. 직원들은 고개를 끄떡거리다, 그 사람이 사장인 것을 알고 후다닥 객실 안으로 들어가버렸다. 여자 직원들이 타월만 걸치고 있었기 때문이었다. 다른 방에 있던 직원들도 서양식 욕실과 변기 사용방법을 몰라 쩔쩔매기도 했다. 2박 3일의 짧은 기간이었지만 대부분의 직원에게 첫 해외여행이었던 것이다.

오일쇼크에 대처하다

여행에서 돌아온 뒤 오일쇼크가 터졌다. 교토세라믹 역시 오일쇼크에서 벗어날 수 없었다. 제품 주문이 급감했다. 정리해고가 번져나갔다. 이나모리도 어쩔 수 없이 임금을 삭감할 수밖에 없었다.

일감은 줄어든 반면 인원은 그대로였으니 현장 분위기는 느슨해

져갔다. 이나모리는 '일이 절반이면 인원도 절반이다'라고 생각했다. 그래서 생산에 필요 없는 유휴인력을 뽑은 뒤 그들을 공장 안으로 들어오지 못하도록 했다. 그들은 풀을 뽑거나 화단을 정리하는 일을 맡았다. 비가 오거나 눈이 와서 야외 작업을 할 수 없으면 회의실에 모여 회사의 경영방침을 공부하게 했다. 이나모리는 '직원들이 허리를 숙이고 풀을 뽑는 일은 공장에서 물건을 만드는 것보다 더 괴로운 일이었을 것'이라고 생각했지만, 회사가 살아남기 위해선 어쩔 수 없었다. 간접적인 구조조정인 셈이었다.

영업 책임자는 이들에게 "두 번 다시 이런 일이 닥치지 않도록 열심히 일하겠습니다. 지금은 어렵더라도 좀 더 참고 견뎌주십시오"라며 머리를 숙였다. 이나모리는 직접적으로 구조조정을 하지는 않았지만, 이런 방법을 통해 생산직과 영업직 사원에게 위기감을 불어 넣은 것이다.

이런 노력에도 세계적 불황에 따라 수요 감소는 오래갔다. 1974년 이나모리는 창업 이래 처음으로 노조에 "임금인상을 1년간 동결하겠다"고 통보했다. 노조는 논의를 거쳐 받아들이기로 했다. 그런데 상급단체인 젠센동맹(섬유화학서비스노동조합연맹)이 "동결은 곤란하다"는 뜻을 밝혔다.

노조는 상급단체를 따라야 할지, 회사 제안을 받아들여야 할지를 놓고 격론을 벌였다. 결국 노조는 상급단체의 일방적인 지시에는 따르지 않겠다는 데 뜻을 모으고, 조합원 대회를 열어 젠센 탈퇴를 결의했다. 그 뒤 교토세라믹 노조는 독립 행보를 걸었다. 경기가 회복되면서 잉여 인력도 라인에 다시 복귀했다. 이듬해 이나모리는 동결했던 승급분보다 많은 승급과 보너스를 지급해 임금 동결에 참아준 것에 보답했다.

소련과 협상 담판을 짓다

이나모리는 1974년 소련과 플랜트 수출 협상을 벌였다. 소련은 일본의 상사를 통해 수십억 엔의 세라믹 제조 플랜트를 교토세라믹에서 사고 싶다고 제안해왔다. 소련은 미리 만들어놓은 계약서를 갖고 있었다. 사인만 하면 된다는 식으로 나왔다. 소련의 계약서엔 이전하는 기술의 범위와 대가, 공장 건설 조건, 납기, 생산량 목표 등의 항목이 있었다. 물론 그들에게 유리한 내용만 들어 있었다.

이나모리는 "이 내용으로는 계약할 수 없다"고 말하며 여기저기에 삭제 또는 정정해달라는 뜻으로 붉은 줄을 그었다. 그러자 소련 쪽은 "소련정부의 법률 전문가가 만든 계약서입니다. 소련의 법률가를 바보로 여기는지요!"라며 크게 화를 냈다. 이에 이나모리는 "이 같은 일방적인 조건으로는 기술도 설비도 팔기가 곤란합니다"라며 맞섰다.

소련은 교토세라믹의 기술을 간절히 받아들이길 원했다. 그래서 협상 담당자는 밤마다 술자리를 만들며 회유책을 썼다. 그러나 협상은 진척이 없었다.

마침내 이나모리가 "요구 내용이 받아들여지지 않을 경우 플랜트를 수출하지 않겠다. 내일 일본으로 돌아가겠다"라며 폭탄선언을 했다. 하지만 일본으로 돌아갈 비행기를 소련정부가 승인하지 않는 이상 탈 수 없는 상황이었다.

이나모리는 소련에 기술료를 청구했다. 이에 대해 소련 쪽은 "그런 대가를 지불할 생각은 없다. 수익은 기계를 통해 올려야 하는 것 아닌가?"라며 인정하지 않았다.

이나모리는 "기술은 우리 직원의 땀과 눈물의 결정체다. 인정해주지 않으면 직원에게 면목이 서질 않는다"며 압박했다. 자본주의 경험이 없던 소련 사람들로선 '직원에게 면목이 서지 않는다'는 사장의 말을 처음에는 믿지 않았다. 그러나 이나모리는 기술료를 끝까지 포기하지 않았다.

마침내 소련 쪽에서 변화가 나타났다. 양쪽은 서로 조금씩 양보를 하기로 했다. 2주 동안 머리를 짜내는 협상전을 벌였고 마침내 소련은 기존 계약서를 수정한 새 계약서를 내밀었다. 대신 그들은 "한 가지는 분명히 지켜주십시오. 이렇게 계약서 내용을 대폭 수정한 것은 전례가 없는 만큼 나중에 다른 사람에게 이런 사실을 알려서는 안 됩니다"라고 요구했다.

협상 타결 뒤, 소련 공장에서 라인조립에 이어 생산이 시작됐다. 그러나 생산은 예상에 크게 미치지 못했다. 거대한 관료조직인 소련 정부에 개선을 요구하면 반응이 너무 늦게 나왔다. 게다가 직원들 역시 대부분 제조 경험이 없는 비숙련공이었다. 소련의 현지 직원들도 미국 직원들이 처음에 그랬던 것처럼, 납기일이 오든 말든 퇴근 시간이 되면 퇴근을 해버렸다.

이나모리는 미국에서 써먹은 방법을 소련에서도 다시 활용했다. 직원들이 솔선수범하며 신뢰를 쌓아가자 소련 직원들도 서서히 변해가기 시작했다. 물론 문화적인 차이는 쉽게 극복되지 않는 법이다.

한번은 납기일을 맞추기 위해 파견 나온 교토세라믹 직원이 현지 직원들에게 토요일 근무를 지시한 일이 있었다. 이때 기혼 여성들은 "금요일에는 철야를 해도 되지만 토요일만큼은 쉬게 해주세요"라고 요구했다. 대부분의 소련 여성들은 맞벌이인데 토요일에는 보육원이 문을 닫았기 때문이다. 그 뒤 토요일에는 출근을 일체 하지 않기로 했다.

이나모리는 플랜트 기계나 소모품을 출하할 때 소련 직원들에게 감사의 표시로 자그마한 선물을 보내주었다. 볼펜이나 추잉검, 손톱깎이나 달력 등 일용품이었다. 그중 가장 좋은 반응을 얻은 것은 팬티스타킹이었다. 그때만 해도 소련에선 쉽게 구하기 어려운 물건인

데다 직원들 가운데 19살부터 20대 후반의 젊은 여성들이 많아 큰 인기를 끌었다.

이런 노력으로 현지 직원들은 같은 목표를 추구하는 한 식구가 됐다. 소련에는 잔업이라는 제도가 없었지만 이 공장에선 모두 남아 잔업을 하곤 했다. 이를 본 다른 공장의 간부들은 입을 다물지 못했다. 당시는 오일쇼크 영향으로 실적이 대폭 떨어진 상태였다. 하지만 교토세라믹은 플랜트 수출 성과 덕분에 실적 부진을 덜 수 있었다.

미국예탁증권을 발행하다

그 뒤 이나모리는 1976년 1월 미국예탁증권(ADR)을 발행했다. ADR은 외국 기업이 미국에서 주식을 거래할 때 발행하는 증권이다. 일본 기업으로는 1963년의 도쿄해상화재보험 이후 13년 만이었다. 게다가 자본금이 10억 엔 규모의 중소기업이라는 점으로 화제를 끌어 모았다.

마침 상장하는 날이 이나모리의 생일이었다. 주간사인 메릴린치 본사 고층 빌딩에서 뉴욕의 야경을 배경으로 파티가 열렸다. 참석자들은 이나모리의 생일을 축하하는 노래를 불러주었다.

이나모리는 맨손으로 회사를 만들어 그동안 고생하며 보낸 시간이 파노라마처럼 스쳐 지나갔다.

'회사 경영은 예술작품을 빚어내는 일과 비슷하다. 새하얀 캔버스에 창조력을 발휘해서 아름다운 그림을 그려가는 작업과 같다. 우리 회사는 예술작품을 세계 중심지인 뉴욕에 출품했다. 과연 어떤 평가를 받을지 기대와 불안이 교차했다. 다행스럽게도 당일 모두 팔려 말할 수 없이 기뻤다.'

무명의 청년이 열정 하나만으로 일으켜 세운 회사가 국제적인 기업으로 인정받았다는 생각에 가슴이 벅차오른 것이다.

파트너십
경영을 배워라

CEO는 '나 홀로 경영'을 할 수 없다. 좋은 참모가 곁에 있어야 성공을 거둘 수 있다. 뛰어난 인재를 찾아 그 사람을 파트너나 참모로 활용하는 것은 CEO의 또 다른 능력이다. 그들에게 '이 사람을 위해 모든 것을 바치고 싶다'는 마음을 갖게 하는 것은 CEO의 중요한 자질이다. '경영의 신'도 마찬가지다. 혼다 소이치로 옆에 후지사와 다케오가 있었다면, 마쓰시타 고노스케 옆에는 다카하시 아라타로가 있었다.

혼다의 2인자 후지사와 다케오
. . . .

후지사와 다케오는 혼다 소이치로를 만난 뒤 제조업을 정리했다. 그의 부인은 후지사와의 행동을 보고 걱정했다. 후지사와가 다른 사람 밑에서 월급쟁이 노릇이나 할 사람이 아니었기 때문이다. 아내가 "할 수 있겠어요?"라고 묻자 후지사와는 "이 사람이라면 충분히 할 수 있다"고 답했다.

후지사와를 영입한 혼다는 기술과 생산만 맡았다. 후지사와는 재무를 포함한 경영 전반을 담당했다. 서로의 신뢰 관계는 은퇴할 때까지 30여 년간 단 한 번도 금이 가지 않았다. 후지사와는 연구소에 틀어박혀 있던 혼다를 대신해 본사에서 경영 전반을 책임졌다. 두 사람은 흔들림 없이 자기가 맡은 일을 했다. 혼다는 이렇게 말하기도 했다. "두 사람 모두 완전하지 못한 반쪽 인간이었다. 하지만 반쪽이어도 서로 인정하고 보완하며 무슨 일이든 성취할 수 있다. 세상에 완전한 인간은 없다. 자신이 잘할 수 없는 일은 주위 사람에게 도움을 받아야 한다. 그래야 자신이 잘하는 것에 집중할 수 있다." 후지사와는 이렇게 말했다. "혼다 소이치로를 세상에 널리 알리고 싶다. 혼다의 이름을 더럽히지 말라." 후지사와는 어떻게 하면 혼다가 만든 제품을 널리 보급할지를 늘 생각했다.

혼다는 후지사와의 기대에 보답할 만한 제품을 만드는 데 전념했다. 혼다와 소니는 일본 패망 뒤 설립한 기업인 데다 2인 경영을 했다는 점에서 닮았다. 그러나 그 경영에는 커다란 차이가 있다. 이부카와 모리타는 각자의 전문 분야와는 별도로 서로 비슷한 점이 많은 콤비였다. 혼다와 후지사와는 공통점을 찾기 어렵다고 할 정도로 기질이 달랐다. 혼다는 현장을 앞에 두고 도전하는 돈키호테형 기술자였다. 반면 후지사와는 일을 논리적으로 처리하며 문제를 분명히 파악하는 햄릿형 경영자였다.

어떻게 두 사람은 끝까지 명콤비로 남을 수 있었을까? 정답은 신뢰다. 혼다는 후지사와를 전적으로 신뢰했다. 회사 도장을 후지사와에게 맡겨버릴 정도였다. 혼다는 이렇게 말했다. "사장직을 사임하기까지 나는 한 번도 사장 도장에 손대지 않았다. 사실 그 일이 아주 자랑스럽다. 자기가 잘하지 못하는 일까지 하고 싶어 하는 사람은 바보다. 세상에는 잘하는 사람이 얼마든지 있으니까 말이다."

후지사와는 혼다가 자신을 신뢰하고 있는 것을 잘 알고 '넘버2'라는 것에 만족했다. 그런 신뢰를 바탕으로 혼다라는 회사를 마치 자기 회사처럼 이끌어나간 것이다.

마쓰시타의 2인자 다카하시 아라타로

고독한 경영자 이미지였던 마쓰시타에게는 처남인 이우에 도시오가 곁에 있었고, 그가 떠난 뒤에는 다카하시 아라타로가 그 역할을 맡았다. 다카하시 아라타로 역시 마쓰시타처럼 고생 끝에 성장한 사람이었다. 나이는 마쓰시타보다 8살 어렸다. 그는 1903년 가가와 현의 섬 쇼도시마에서 태어났다. 도시오도 섬 출신이니 신기한 우연이었다.

섬에서 나온 그는 고베의 부기 학교에서 공부를 한 뒤 15살 때 오사카의 아사히건전지에 들어갔다. 처음엔 경리 수습사원이었지만 곧 공장장으로 발탁됐고 24살 땐 상무이사로 승진했다. 1936년 아사히건전지가 마쓰시타전기와 업무 제휴를 맺으면서 두 사람은 운명적으로 만나게 된다.

CEO는 인재를 선별하는 능력이 있다. 마쓰시타 고노스케는 그의 됨됨이를 알아보고 마치 자기 회사 사람처럼 아꼈다. 다카하시는 아사히건전지에서 능력껏 일을 하고 있었지만, 시간이 지남에 따라서 뭔가 부족한 것 같다는 느낌이 들기 시작했다. 결국 다카하시는 마쓰시타를 찾아가 입사하겠다는 뜻을 밝힌다. 마쓰시타는 반가이 그를 맞이한다. 마쓰시타 고노스케는 그를 곧바로 감사과장 자리에 앉혔다. 상무에서 과장으로 떨어졌다고 생각해서는 안 된다. 그 자리는 마쓰시타전기의 경영전략을 담당하는 중요 자리였다. 다카하시는 그때 일에 대해 다음과 같이 말했다. "누구에게나 인생에 눈을 뜨게 되는 순간이 있는 법인데, 나는 마쓰시타에 들어간 지 얼마 지나지 않아서 그것을 깨달았다. 그전까지 고민하고 시행착오를 겪어오던 것이, 거기서는 전부 준비되어 있었다. 나는 얼마나 행복한 사람인가. 그때의 감격은 아직도 잊을 수가 없다."

다카하시는 마쓰시타에 합류해 부사장 등 핵심 보직을 거쳐 회장에 올랐으며 마쓰시타의 경영 철학을 충실히 이행했다. '경영의 신'으로 불린 마쓰시타는 다카하시야말로 '신'이라고 칭송했다.

애플, MS, 스타벅스 역시 2인자가 있었다

실제로 많은 기업들은 이처럼 1인자와 2인자가 서로 파트너십을 이루며 경영을 하고 있다. 애플에서 스티브 잡스가 창의력의 상징이었다면 티머시 쿡은 엄격함과 효율성의 상징이었다. 상상력과 직관이 뛰어난 잡스와 이성적이고 논리적인 쿡의 조화가 애플의 혁신을 성공으로 이끈 것이다.

마이크로소프트의 빌 게이츠 옆에는 스티브 발머가 지키고 있다. 나이키도 육상 지도자 출신인 빌 바워먼이 러닝화를 개발하고 파트너인 필 나이트가 제조, 재무, 영업을 담당한다. 스타벅스도 마찬가지다. 하워드 슐츠 같은 창의적 인물이 아이디어를 쏟아내고 오린 스미스와 같은 안주인이 꼼꼼히 집안 살림을 챙겨준 덕분에 거대 기업으로 성장할 수 있었다. 수많은 성공 스토리가 1인자에 의해 주도된 것이 아니다. 1인자 이상의 역량을 보여주는 2인자의 강력한 지원이 있었기에 성공 드라마가 완성된 것이다. 저 혼자만 잘난 사람도 없고 나홀로 성공할 수도 없다.

2인자였던 그들은 모두 탁월한 실무능력과 명석한 두뇌를 가졌음에도 1인자를 충실히 지원하고 헌신했다. 어떤 면에서 1인자보다 뛰어난 능력을 갖추었다고 할 수 있다.

4장

실패했을 때
진짜 성공하는 법을 배운다

일본에서 가장 먼저 주 5일제 근무를 도입하겠다.

주 5일제 근무를 도입해도 6일제 회사와 동등한 수준의 임금을 유지할 것이다.

이 제도는 1964년부터 시행한다.

라이벌 산요와
다이에이와의 탄생

1945년 8월 15일, 오사카 하늘에는 미국 B29의 모습이 보이지 않았다. 아침부터 이상하리만큼 조용했다. 여름인데도 선선해 꼭 가을 날씨 같았다. 낮 12시, 마쓰시타는 본사 강당에서 회사 임원들과 함께 일왕이 항복을 밝히는 육성 방송을 들었다. 전시 중에는 머리를 기르는 것조차 금지되어 마쓰시타는 물론 모든 임직원이 군인같이 까까중머리였다. 모두들 '드디어 올 것이 왔구나'라고 생각했지만, 정말 전쟁이 끝났는지 완전히 믿지 못하는 상태였다.

'이젠 군수품을 만들지 않아도 된다. 이제부터 본래 사업인 라디오나 다리미, 전열기 같은 내수 생산에 몰입하자. 하지만 생각처럼 쉬울까. 지금은 전력도 모자라고 자재도 없다.'

재벌 지정과 공직 추방

일본을 전쟁으로 몰고 갔던 군부 세력은 한순간에 사라졌다. 기업가들은 우왕좌왕했다. 마쓰시타 역시 마찬가지였다. 무엇 하나 생산하는 것이 없으니 단돈 1엔의 수입도 없었다. 이런 상황에서 회사 유지비와 인건비만 나가고 있었다. 얼마 뒤 생산이 재개됐다. 그러나 제품을 만들 원료가 부족했다. 게다가 제품 생산에 필요한 전기마저 공급이 제대로 되지 않았다. 월 생산량은 100만 엔에도 못 미쳤다.

문제는 외부에 있었다. 전쟁 뒤 심각한 인플레이션이 시작된 것이었다. 자재와 인건비는 하늘 높은 줄 모르고 치솟았고 그러다 보니 은행 빚은 2억 엔을 넘어섰고, 이자만 1천만 엔에 이르렀다. 백만 엔 매출을 올려 은행에 이자를 떼어주고 나면 불과 20만 엔이 남았다. 이 돈으로 사원 1만 5,000명이 살아나가야 했다. 마쓰시타 소유의 땅과 사옥 등 개인 재산도 모두 담보로 잡혀 있었다.

'이제 드디어 나도 빚쟁이가 되었군!' 1945년 8월 28일 가나카타현 아츠키 비행장에 C54 수송기가 착륙했다. 선글라스를 낀 맥아더 원수가 파이프를 입에 문 채 내려왔다. 일본에 진주한 GHQ(연합군총사령부)는 잇따라 새로운 조치를 내렸다. 이 중 하나는 마쓰시타 고노스케에게 직격탄을 날렸다. 1946년 6월의 재벌 지정과, 같은 해 11월의 공직 추방조치가 그것이다.

GHQ는 미쓰이, 미쓰비시, 스미토모 등과 함께 마쓰시타도 재벌로 규정했다. 사실 마쓰시타는 회사 규모 면에서 이들 재벌과 견줄 바는 못 됐다. 그러나 GHQ가 재벌로 지정한 기준 가운데 하나는 군수산업 참여였다. 마쓰시타의 경우 선박, 비행기 제작에 참여한 것이 화근이었다.

재벌회사로 지정된 각 회사의 사장들은 미군의 미움을 받으면 나중에 어떤 일을 겪을지 모른다는 두려움에 슬슬 사장자리에서 물러나기 시작했다. 그러나 오직 한 사람, 결코 받아들일 수 없다며 버티고 있는 사람이 있었다. 마쓰시타 고노스케였다.

"마쓰시타는 뒷골목 공장에서 벗어났을 정도입니다. 마쓰시타 비행기는 이름만 거창했지 실은 제대로 뜨지도 못한 목제 비행기 5대를 만들었을 뿐이지요."

마쓰시타는 날마다 오사카의 미군 사령부를 찾아가서 진정을 해봤지만 아무 소용이 없었다. 마쓰시타는 만원 열차에 몸을 싣고 도쿄에 있는 GHQ 본부 사무실을 수십 차례 드나들며 항의했다. 마쓰시타에게 또 다른 폭탄이 떨어졌다. 바로 11월 내려진 공직 추방령이었다. 군수산업에 참여했던 마쓰시타는 무조건 추방 대상인 A항에 지정됐다. 공직 추방 조치는 군수회사 전체에 적용되는 것으로 항변의 여지가 없었다.

노조의 사장 구하기

그런데 뜻밖의 일이 일어났다. 사장의 공직 추방을 알게 된 노동조합원들이 사장을 구하자며 일어섰다. 노조가 사장 구하기에 나선 것이다. 노조는 42개 지부에서 사장 탄원 서명운동에 들어가 93퍼센트의 서명을 받아냈다. 노조는 서명서를 갖고 GHQ 본부를 찾아가 담당자의 책상 위에 내놓았다.

담당자는 "이런 일은 처음 보는 일"이라며 놀라워했다. 13인의 노조간부 전원은 공직 심사위원장을 비롯해 GHQ 고위관료, 정부 고위관료를 일일이 찾아다니며 구명운동을 벌였다. 전쟁기간 중 눌려 있던 노사문제가 봇물처럼 터져 일본 전역은 파업으로 홍역을 앓고 있었다. 게다가 인플레이션이 극도로 치솟아 노동자들의 삶은 최악으로 떨어져 있어, 회사에 불만이 높은 때였다. 마쓰시타전기의 노조가 다른 회사와 다른 움직임을 보인 것은, 대공황 당시 마쓰시타가 종업원 해고 불가 선언을 한 것이 결정적으로 기여했다.

처남이 독립해 산요를 세우다

마쓰시타가 공직 추방령으로 실의의 나날을 보내고 있을 때 또 하나의 사건이 벌어졌다. 바로 마쓰시타의 처남인 전무 이우에 도시오가 사표를 내고 마쓰시타전기를 떠난 것이다. 1946년 말이었다.

두 사람은 처남과 매형 사이니 혈연관계는 아니었다. 그러나 1917년 여름, 14살 소년 이우에 도시오가 마쓰시타의 집을 찾아와 소켓 만드는 일을 돕기 시작하면서부터 둘의 특별한 관계는 시작되었다. 그 뒤 이우에는 마쓰시타의 오른팔로 불렸다. 매형인데도 이우에 도시오는 마쓰시타 고노스케를 '대장' 또는 '사장님'이라고 불렀다. 한 번도 매형이라고 부르지 않았다.

이우에는 "재벌 지정 때문에 누군가 책임을 지지 않으면 안 됐다. 대장이 물러날 수 없는 일이었기에 대신 내가 물러난 것이다"라고 말했다. 하지만 다른 퇴사 이유가 있었다는 소문이 파다했다. 첫째는 마쓰시타 고노스케가 재벌 지정과 공직 추방을 당한 뒤 이우에 도시오한테 크게 화를 냈다는 얘기가 흘러 나왔다.

"난 평화산업을 중심으로 회사를 이끌어왔네. 그런데 자네가 군수 중심으로 경영 방향을 틀면서 전범자 취급을 받게 생겼어. 만약 책임을 지라고 한다면 자네가 져야 할 것이야."

또 다른 이유는 후계 사장 문제 때문이라는 것이다. 이우에는 공직 추방을 받은 마쓰시타가 자신에게 사장 자리를 잠시 물려주기를 기대했다는 얘기도 있다. 이우에는 자신이 어려운 회사를 다시 일으켜 세워 마쓰시타의 데릴사위인 마쓰시타 마사하루에게 사장 자리를 넘겨주고 싶었다. 당시 도요타도 창업자가 물러나면서 그의 오른팔이 사장 자리를 맡은 뒤, 창업자의 아들에게 다시 사장 자리를 넘겨주었기 때문이다.

그러나 마쓰시타는 이우에를 협력자로 보고 있을 뿐 동업자로는 보지 않았다. 반면 이우에는 스스로를 매형의 동업자로 여기고 있었다. 서로의 생각 차이로 결국 두 사람은 헤어지고 말았다. 이때 도시오가 같은 전기업계에 진출해 마쓰시타와 비슷한 제품을 만들리라고는 마쓰시타는 물론 이우에 도시오 자신도 몰랐다.

이우에 도시오가 전자업계에 진출한 이유는 빚 때문이었다. 전시에 군부의 명령으로 마쓰시타조선과 마쓰시타비행기를 창설하기 위해 이우에는 스미토모 은행에서 350만 엔을 빌렸다. 그러나 일본 군부 세력은 단돈 1엔도 보상해주지 않고 모두 퇴역해버렸다.

그 빚이 이우에 개인 빚으로 고스란히 남아 있었다. 마쓰시타도 개인 빚이 2억, 이자만도 1천만 엔에 이르렀기 때문에 이우에는 자신의 빚을 매형에게 떠맡아달라고 할 수가 없었다. 가만히 있을 은행이 아니었다. 회사를 그만두자마자 곧바로 은행에서 호출장이 날아왔다. 이우에는 착잡한 마음으로 은행 문을 열었다.

대출 담당자가 먼저 입을 뗐다.

"이번에 마쓰시타전기를 그만두셨다면서요?"

"예. 그렇습니다."

"혹시 다른 일을 하실 건가요?"

"아직 아무 생각도 못 하고 있습니다. 고향인 아와지 섬으로 돌아가 농사라도 지을까 합니다."

"농사를 지으신다면 대출을 갚기 어려울 건데요. 하다못해 뭔가 사업을 하신다면 빚을 갚을 능력이 있다고 보고 대출 상환 기간을 늘려드릴 수 있습니다만……."

"그러나 지금은 자금이 없는 상황이라……."

"그거라면 걱정 마십시오. 빌려드리지요. 아직 젊으신데요. 전후 부흥을 위해 한번 뛰어보시지 않겠습니까?"

"하지만 지금으로선 빚밖에 없으니."

"그 빚을 담보로 돈을 빌려드리지요. 우선 얼마나 필요하십니까?"

"글쎄요. 무엇을 할지 생각해보진 않았지만 아무래도 50만 엔은 있어야 되겠지요."

"좋습니다. 가급적 지원을 해드리지요."

너무나 뜻밖으로 일이 진행되는 바람에 이우에는 반신반의했다.

"그런데 어떤 사업을 해보시려고요?"

"글쎄요. 아무래도 30년 동안 전기쟁이를 해왔으니까……."

"그 말씀을 듣고 나니 안심이 됩니다. 사장님의 경영수단은 익히 정평이 나 있으니, 이것으로 저도 책임을 다한 것 같습니다."

다시 사업가로 돌아선 이우에는 가벼운 발걸음으로 은행 문을 나섰다. 은행에서 50만 엔을 빌리고, 재산을 처분하니 사업자금 120만 엔이 마련되었다. 회사 이름은 '산요'(三洋)라고 지었다. 바다가 고향인 그가 태평양, 대서양, 인도양에 이름을 떨치는 회사를 만들겠다는 의지를 담은 것이다.

일본 제일의 체납왕이 되다

도시오가 마쓰시타전기를 사직하고 산요전기를 창설할 무렵, GHQ는 마쓰시타 고노스케의 추방 지정을 A항에서 B항으로 변경한다고 발표했다. A항은 무조건 추방으로 항의할 여지가 없으나, B항은 자격 심사의 여지가 남아 있었다. 이렇게 해서 4개월 뒤인 1947년 5월 마쓰시타는 드디어 추방에서 면제됐다. 노조가 사장 구명에 앞장서는 일은 전례를 찾기 힘들어서 언론은 이를 대대적으로 보도했다. 여론의 힘을 받아 마침내 공직 추방 대상에서 해제된 것이다.

마쓰시타는 공직 추방이라는 족쇄에서 벗어났지만, 사업은 계속 어려움을 겪었다. 그의 빚은 눈덩이처럼 불어났다. 빚만 10억 엔에 이르러 '빚쟁이 왕'이라는 말까지 나올 정도였다. 그는 또 일본 제일의 '체납왕'이라는 불명예까지 안고 있었다.

GHQ는 1948년 인플레이션을 잡기 위해 긴축정책을 폈다. 인플레는 수그러지고 물가도 잡았지만, 금리가 치솟고 돈이 제대로 돌지 않았다. 수요가 뚝 떨어지고 판로가 막히자 생산과잉 문제가 생겼다. 기업들은 심각한 자금난으로 도산 회오리에 휘말렸다.

마쓰시타가 극적인 반전을 맞게 된 것은 1950년 발발한 한국전쟁 때문이었다. 한국전쟁에 미국이 개입하면서 미국정부는 각종 전쟁 물자를 일본에서 발주했다. 한국전쟁 특수였다. 도산 위기에 처했던 도요타자동차가 회생한 것처럼 마쓰시타전기도 경영 위기에서 탈출할 수 있었다.

1951년 마쓰시타는 최대 해외시장으로 부상한 미국 시장을 돌아보기 위해 하네다 공항에서 미국행 비행기에 몸을 실었다. 그는 두터운 코트로 몸을 감싸고 모자를 벗어 손을 흔들었다. 여전히 짧게 깎은 머리였다.

미국으로 간 마쓰시타는 눈이 휘둥그레졌다. 전후 미국 거리에는 활기가 넘쳐흐르고 있었다. 스피드와 스케일은 일본을 압도했다. 일본에서는 본 일도 없는 텔레비전을 모든 미국 가정이 갖고 있었다. 미국에선 텔레비전이 700만 대가 보급되어 있었다. 미국 여자 직장인이 일본의 사장급과 같은 보수를 받고 있었다.

한겨울 미국으로 건너간 마쓰시타는 꽃바람과 함께 귀국길에 올랐다. 공항으로 마중 나온 직원들은 깜짝 놀랐다. 미국 물을 먹은 사장의 모습이 완전히 달라졌기 때문이었다. 짧게 깎은 머리에서 포마드 기름을 바른 머리로 바뀌어 있었다.

사운을 걸고 필립스와 협상전을 벌이다

미국 방문으로 전자 부문의 첨단기술을 확인한 마쓰시타는 현재 자신들의 기술로는 안 된다는 것을 깨닫게 됐다. 텔레비전 기술이 절대 필요하다는 생각에 이른 것이다.

'도대체 누구와 제휴해야 하나? 미국인가, 아니면 유럽인가?'

마쓰시타는 다시 미국으로 건너갔다. 먼저 미국 RCA와 GE를 상대로 기술 도입 상담을 했다. 조건이 맞지 않았다. 그는 이어 유럽 쪽으로 건너가 거래 관계가 있던 필립스와 상담을 했다. 상담 결과 필립스와 여러 조건이 맞았다.

필립스는 자본금 6억 6000만 엔의 새로운 합작회사 설립을 요구했다. 필립스는 30퍼센트만 출자한다는 조건이었다. 당시 마쓰시타의 자본금이 5억 엔이었으므로 그것을 상회하는 자회사가 생기는 셈이었다.

문제는 필립스가 7퍼센트의 기술지도 비용을 요구한 것이다. 너무 비쌌다. 다시 교섭해 5퍼센트로 내리게 되었는데 그것도 많은 편이었다. 마쓰시타는 3퍼센트로 낮출 수 있는지 확인해보았으나, 필립스는 완강하게 거절했다.

마쓰시타는 역제안을 생각했다.

"저쪽이 기술지도 비용을 받겠다면, 우리는 경영지도 비용을 받아야 한다. 판매 실적을 올리면 필립스도 기술지도 비용을 많이 받을 수 있기 때문이다."

마쓰시타는 다카하시 아라타로를 불렀다. 다카하시는 1936년 마쓰시타전기에 입사한 뒤 경리부문의 체제를 구축하는 데 공헌했다. '마쓰시타 경영방식의 전도사' '마쓰시타의 오른팔'로 불릴 정도로 마쓰시타의 각별한 신임을 받았다.

"알겠나? 마쓰시타의 경영지도 비용은 3퍼센트로 하도록 해. 꼭 3퍼센트야. 저쪽에서 5퍼센트 이하로는 절대 안 된다고 하니 이쪽도 3퍼센트에서 단 1퍼센트도 깎아서는 안 된다고 하라고."

"예, 그렇게 해보겠습니다."

마쓰시타의 특명을 받고 네덜란드로 담판을 지으러 간 다카하시는 뚝심으로 협상에 나섰다. 결국 필립스는 연간 기술지도 비용을 4.5퍼센트로 낮추고, 마쓰시타전기에 3퍼센트의 경영지도 비용을 주기로 했다. 결과적으로 마쓰시타로선 1.5퍼센트의 기술지도 비용만 내면 됐다.

필립스와의 제휴로 1953년 합작회사인 '마쓰시타전자공업'이 탄생했다. 필립스와의 기술 제휴는 '전기'를 중심으로 성장해온 마쓰시타가 '전자'라는 신성장 산업으로 가는 디딤돌이 된 것이다.

마쓰시타-산요의 세탁기 전쟁

1950년대 초반 마쓰시타는 독립한 산요와 치열한 경쟁을 벌였다. 세탁기 전쟁이 대표적이다. 마쓰시타전기는 1951년 세탁기를 만들어 4만 6천 엔에 백화점에 내놓았다. 사람들은 기계가 빨래를 해준다는 세탁기를 보러 백화점 매장에 몰려들었다.

직장인 월급이 1만 5천 엔 하던 때였다. 월급을 한 푼도 안 쓰고 꼬박 3개월 치를 모아야 살 수 있는, 그야말로 그림의 떡이었다. 이때 산요전기가 소매가격 2만 5,500엔에 세탁기를 선보였다. 산요는 이전에 나온 세탁기와 달리 분류식이라는 새로운 기술을 도입했다. 가격을 대폭 깎은 데다 성능도 훨씬 좋았다. 세탁 시간이 빠르고 물도 튀지 않는 게 장점이었다.

값싸고 다루기 쉬운 제품이어서 이 세탁기는 날개 돋친 듯 팔려나갔다. 이우에 도시오도 직접 선전에 나섰다.

"일본 남성들은 세탁에는 전혀 관심이 없습니다. 빨래는 아내가 쪼그리고 앉아 할 일이라고 생각합니다. 하지만 잘못된 생각입니다. 주부들이 쪼그리고 앉아서 빨래하는 그 에너지와 시간, 육체적 고통을 임금으로 환산하면 5인 가족의 한 번 세탁비가 280엔이 됩니다. 그런데 자동세탁기는 불과 25엔에 불과합니다. 그만큼 가정경제가 윤택해집니다."

산요 세탁기는 시장을 넓히는 데 한몫했다. 세탁기 시장규모는 연간 10만 대에 그쳤으나, 산요 세탁기 등장 이후 연간 100만 대를 돌파했다.

마쓰시타는 불쾌했다. 자신이 먼저 세탁기를 만들었는데 산요 세탁기가 더 많이 팔리고 있는 것을 보면서 기분이 언짢았다. 마쓰시타는 산요로 이직한 막내처남 이우에 가오루를 불렀다.

"맨 처음 세탁기를 일본에 보급시킨 사람이 난 줄 알았는데, 산요 세탁기가 불쑥 튀어나와 시장을 모두 빼앗아가니 이게 어떻게 된 일이야?"

"아닙니다. 그건 아니라고 봅니다."

"뭐가 아니야. 어디 말해보라고."

화가 머리끝까지 치밀어 오른 마쓰시타 고노스케에게 이우에 가오루는 거침없이 말했다.

"말씀하신 대로 마쓰시타전기는 교반식 세탁기를 만들어 판매했습니다. 하지만 우리가 만든 분류식 세탁기에는 손을 대지 않았습니다. 산요는 일본에서 아무도 손을 대지 않은 분류식 세탁기를 만든 것입니다. 마쓰시타전기를 따라 세탁기를 만들어 시장을 빼앗은 것은 아닙니다."

"새로운 세탁기라······."

마쓰시타는 손에 든 부채를 폈다 접었다 하면서 잠시 생각에 잠겼다.

"알았어. 이 얘기는 그만하기로 하고 어디 가서 식사라도 하지."

마쓰시타는 산요의 새로운 기술을 깨끗하게 인정한 것이다.

'수도철학'이 실현되다

1954년 마쓰시타의 매출은 175억 엔으로 늘어났다. 히타치(282억 엔)에는 미치지 못했지만 도시바(184억 엔)에 육박하는 수준으로 회사가 커나간 것이다. 마쓰시타가 필립스와 제휴할 때 자본금은 5억 엔이었다. 그러나 2년 만에 30억 엔으로 성장했다. 텔레비전 판매 때문이었다. 마쓰시타는 1952년 말 12인치 텔레비전 수상기를 내놓는다. 탁상형이 23만 엔, 17인치 디럭스형이 29만 엔이었다. 총리 월급이 6만 엔이었으니 엄청난 고가였다.

텔레비전은 패전의 무기력증을 앓고 있던 일본 국민들에게 자극제가 됐다. 팍팍한 삶에 지친 서민들은 역도산이 필살기인 가라테춉으로 레슬러를 넘어뜨리는 장면을 보며 힘든 일상을 잊었다. 집에서 텔레비전을 볼 수 있는 건 부잣집에서나 가능했다. 텔레비전은 다방이나 백화점, 대형 가전 판매점 같은 곳에서나 볼 수 있었다.

마쓰시타전기는 텔레비전을 세상에 내놓은 그해에 믹서, 전자레인지, 자전거를 선보였고, 1953년에는 전기냉장고, 무선마이크를 출시했다. 1956년에는 전기밥솥, 전기청소기, 전기담요 등 신제품 출시가 잇따랐다. 1960년에는 텔레비전 생산 누계가 100만 대를 돌파해 업계 1위로 올라섰다.

텔레비전에 이어 세탁기, 냉장고까지 서민들도 손에 넣을 수 있을 만한 가격으로 떨어지기 시작했다. 사람들은 그 세 가지를 '3종의 신기(신이 가져다 준 선물)'라고 불렀다.

생산량이 많아지면 자연 값이 내리게 마련이다. 여기에 경제 상황이 좋아지면서 소득이 올라가자 소비도 늘어났다. 그러자 생산이 더욱 향상되는 선순환 구조가 전개됐다. 차례로 나온 3가지 가전제품은 가사노동에서 주부를 해방시켜 가정생활을 풍요롭게 만들어주었다. 마쓰시타의 '수도철학'이 그대로 실현된 셈이다.

세계 시장에서 '파나소닉' 시대를 열다

수출도 늘어났다. 트랜지스터라디오가 미국에서 잘 팔렸다. 마쓰시타전기는 미국을 비롯해 동남아시아, 중남미, 아프리카 등에 생산회사를 세워 진출했다. 일본 경제를 성장시킨 가전제품이 세계에서 주목받기 시작한 것이다.

1955년에는 미국에 스피커를 수출하면서 '파나소닉' 브랜드를 처음 사용해 파나소닉 시대도 열었다. 마쓰시타전기의 일본 내 브랜드 '내셔널'이 해외 시장으로 확대된 셈이다. 파나소닉은 일본 경제의 고도 성장을 상징하는 아이콘이 됐다.

1960년 마쓰시타전기의 자본금은 150억 엔으로 불어났고, 직원도 2만 5천 명으로 늘어났다. 그해 1월 경영방침 발표회에서 마쓰시타는 "일본에서 가장 먼저 주 5일제 근무를 도입하겠다. 주 5일제 근무를 도입해도 6일제 회사와 동등한 수준의 임금을 유지할 것이다. 이 제도는 1964년부터 시행한다"고 밝혔다.

당시 세계 시장에서 일본제품은 싸구려로 통했다. 품질은 좋지 않지만 일단 가격이 싸서 구입하는 그저 그런 제품이었다. 유럽과 미국의 가전제품 회사와 맞서 경쟁력을 유지할 수 있었던 것도 저임금과 긴 노동시간이었다. 그런데 마쓰시타 고노스케는 주 5일제를 도입하면서 노동시간을 줄이겠다고 밝힌 것이다. 그만큼 제품의 품질에 자신감이 있다는 뜻이었다.

마쓰시타는 1961년 1월 경영방침 발표회 석상에서 돌연 사장 교체의 뜻을 밝혔다.

"진작부터 나는 적당한 시기에 사장 자리에서 물러나려고 생각했습니다. 50살 때는 전쟁 중이어서 그만두지 못했고, 전후에는 빚더미에 앉아 책임상 그만두지 못했습니다. 1951년부터는 재건에 손을 대서 다행히 목표를 달성할 수 있었습니다. 나는 지난해 11월 27일로 만 65살이 되었습니다. 여러 가지로 생각한 결과 이 기회에 사장직에서 물러나 뒤에서 회사 경영을 지켜보기로 결심했습니다. 그렇게 하는 것이 여러 가지 면으로 봐서 가장 바람직하다는 결론에 도달했기 때문입니다."

마쓰시타는 사장 자리를 내놓고 회장이 된 뒤부터 매주 월요일 오전에 2시간 남짓 출근해 영향력 행사를 극도로 자제했다. 하지만 세상은 그를 그냥 내버려두지 않았다.

경영의 신으로 불리게 되다

1960년대 일본경제가 세계적으로 성장하면서 마쓰시타 고노스케는 전 세계 언론의 조명을 받는다. 미국에서 최대 부수를 자랑하는 주간지 《타임》은 1962년 2월 표지 모델로 마쓰시타를 실었다. 《타임》 표지는 마쓰시타의 사진이 아닌 일본 화단의 중진인 가타야마 난푸가 그린 초상화였다. 사진 대신 일본화를 사용해 이국적인 느낌을 주고 기사에 신경을 썼다는 것을 강조하기 위해서였다.

《타임》은 세계적인 가전왕국을 만들어낸 마쓰시타의 경영이념과 마쓰시타전기의 발전 모습을 5페이지에 걸쳐 소개했다.

"뉴욕의 메이시백화점이 신문광고에서 '마쓰시타전기의 최고 품질과 최고 성능'이라며 파나소닉의 포터블 텔레비전을 선전하고 있다. 마쓰시타전기가 해외에 내보낸 제품의 우수성은 일본이 싸구려 물건 생산국이라는 이미지를 지우고 있는 증거"라고 썼다.

《타임》은 또 마쓰시타를 '헨리 포드와 호레이셔 엘저 두 사람을 합쳐놓은 것 같은 개척자'라고 소개했다. 자동차왕 헨리포드는 마쓰시타가 존경하고 있는 경영자였다.

"산업인의 사명은 양질의 값싼 상품을 대량생산해 국가를 번영시키는 것이다"라는 마쓰시타의 수돗물 경영철학과 "임금을 올리면 노동자도 자동차를 살 수 있다"라며 대량생산으로 미국인의 생활에 혁명을 가져온 포드의 생산시스템은 같은 맥락이었다. 엘저는 가난한 소년이 도덕심과 굳센 의지로 역경을 딛고 끝내 성공한다는 글을 써서 소년들에게 아메리칸 드림을 꾸게 한 목사 겸 작가였다.

1962년 3월 2일자 《교토신문》은 "이제 마쓰시타는 경영의 신처럼 여겨지고 있다"라며 마쓰시타에게 최초로 '경영의 신'이라는 호칭을 붙였다. 그 뒤 마쓰시타의 이름 앞에는 '경영의 신' '판매의 신'이라는 수식어도 함께 따라붙게 된다.

도쿄올림픽을 눈앞에 둔 1963년, 800만 부가 발행되는 미국 《라

이프》 일본 특집호에서 '마쓰시타와의 만남(MEET Mr. MATUSHITA)'
이라는 제목을 단 기사가 8페이지에 걸쳐 실렸다.《라이프》는 그에게
일본 최고 경영자, 최고 소득자, 최고 사상가, 최고 잡지 발행인, 최대
베스트셀러 저자 등 5개 타이틀을 부여했다.

아타미 회담으로 새로운 신화를 쓰다

경영 일선에서 물러난 마쓰시타는 다시 경영에 복귀할 수밖에 없었
다. 도쿄올림픽이 열린 1964년은 일본 경제가 고도성장의 막바지에
이른 시점이었다. 1950년대 후반부터 일본 경제의 고도성장을 이끌
었던 가전 열기가 수그러들기 시작했다.

흑백텔레비전 보급률이 90퍼센트까지 올라왔지만, 기업들은 도쿄
올림픽 특수를 기대하며 증산을 계속해 판매회사와 대리점에는 재고
가 산더미처럼 쌓였다.

마쓰시타전기 제품도 심각한 영향을 받게 된다. 처음으로 수익이
줄었으며 판매회사, 대리점에도 재고가 쌓여 적자를 보는 곳이 속출
했다. 마쓰시타가 만들어놓은 판매 체제는 심각한 위기에 내몰렸다.
마쓰시타 본사에 대한 판매점들의 원성이 높아갔다.

위기감을 느낀 마쓰시타는 전국의 판매회사, 대리점 사장들을 직

접 만나 문제를 풀어나가기로 했다. 1964년 7월 9일, 마쓰시타는 판매점, 대리점 사장을 온천관광지로 유명한 아타미에 모이도록 했다. 정식 명칭은 '전국판매회사 대리점 사장 간담회'였다. 마쓰시타의 전설 중 하나인 '아타미 회담'의 막이 오르고 있었다.

마쓰시타는 하루 앞서 간담회장에 나와 소소한 것까지 하나하나 체크했다. 의자가 앞 사람 머리에 가려 행사장이 보이지 않는 일이 없도록 각 줄마다 의자를 엇갈려놓았을 정도였다. 간담회 당일에는 마쓰시타전기의 전 임원이 아타미역 앞에 한 줄로 서서 전국에서 온 판매회사, 대리점 사장을 머리 숙여 맞이했다.

"오늘 회의에서 난국을 뚫고 나갈 처방전을 꼭 찾아야 합니다. 여러분은 진실을 말해주었으면 합니다"라는 마쓰시타의 인사말을 시작으로 간담회가 열렸다. 간담회는 언제 끝날지 정해져 있지 않았다. 본사와 대리점이 대타협을 볼 때까지 간다는 게 마쓰시타의 생각이었다.

처음 간담회장 분위기는 살벌했다. 이곳저곳에서 불만의 목소리가 흘러나왔다.

"마쓰시타전기가 밀어붙이기 식으로 제품 판매를 강요하고 있다." "마쓰시타전기가 대리점을 너무 많이 내줘 같은 마쓰시타 대리점끼리 경쟁을 벌이는 곳이 수두룩하다." "마쓰시타전기의 사원이 관료적으로 변했다." "마쓰시타전기 제품에 특색이 사라졌다."

마치 마쓰시타전기를 규탄하는 자리처럼 보였다.

처음엔 마쓰시타도 지지 않고 응수하는 바람에 양쪽의 팽팽한 설전은 이틀째까지 계속됐다. 그러나 판매 현장의 반발은 마쓰시타의 상상을 넘었고 3일째 되던 날 마침내 마쓰시타가 회사의 과오를 인정하고 고개를 숙였다.

"이제 알았습니다. 결국은 마쓰시타전기가 문제입니다. 이 한마디 밖에는 할 말이 없습니다. 진심으로 미안합니다."

그는 대리점 사장들 앞에서 머리를 숙였다. 말을 마치고 고개를 든 마쓰시타 눈에는 눈물이 고여 있었다. 좌중은 찬물을 끼얹은 듯 숙연해졌다.

'신'이라는 말을 듣던 사람이 자기 잘못을 인정하고 사과하는 모습을 본 참석자들은 감동을 받았다. 모두가 판매 확대에 동참하기로 결의하는 것으로 아타미 회담은 막을 내렸다.

아타미 회담 뒤 일선에서 물러나 있던 마쓰시타는 영업본부장을 겸직하면서 복귀해 영업 현장을 우대하는 새로운 판매 제도를 만들어 나갔다. 매일 아침 9시면 본사 2층 영업본부에 모습을 드러내 200명의 영업부원을 직접 지휘, 감독하기 시작했다.

남에게 보여주기 위한 행동은 아니었다. 위기에 처했을 때 리더가 앞장서는 게 기본이라는 생각 때문이었다. 마쓰시타는 민첩하게 움직였다. 대리점을 1지구에 1곳으로 정해 과당 경쟁을 막도록 했고, 어음이 남발되는 것을 막아 현금 결제를 도입했다.

1년 만에 마쓰시타전기는 매출 2,565억 엔, 경상이익 287억 엔이라는 창업 이래 최고의 경영실적을 올렸다. 아타미 회담 3년 이후 모든 회사가 적자에서 탈출하게 됐다. 마쓰시타 고노스케 전설의 클라이맥스 중 하나이며, 그에 관한 새로운 신화가 쓰인 순간이었다.

마쓰시타-다이에이의 30년 전쟁

그러나 경영의 신 역시 사람인지라 질 때도 있었다. 다이에이와 '33년 전쟁'에서 마쓰시타는 결과적으로 패배했다. 사실 마쓰시타는 정가판매에 확고한 신념을 갖고 있었다.

가격이 대리점마다 제각각이면 고객과 대리점에게도 좋지 않다는 생각이었다. 판매의 중요성을 일찍이 역설해온 마쓰시타는 대리점과의 공동체 의식이 무엇보다 중요하다고 느끼고 있었다. 아타미 회담처럼 마쓰시타가 중요한 경영위기 때마다 판매망 정비를 시도한 것은 이 같은 인식이 작용한 것이었다.

마쓰시타전기가 초일류 기업으로 성장할 수 있었던 기반은 초창기부터 정비해온 거대한 유통망이었다. 대리점은 '내셔널' 제품이 전국적으로 보급될 수 있는 버팀목이었다.

이런 마쓰시타의 정가정책을 뒤흔드는 사건이 일어난다. 1970년 9월 소비자단체가 일제히 '컬러TV 불매운동'을 벌여나가기 시작한 것이다. 전자제품의 꽃으로 불리던 컬러텔레비전이 나올 무렵이었다. 이때 마쓰시타전기의 컬러텔레비전 가격이 지나치게 높게 책정됐다며 소비자들은 불만을 터뜨렸다.

마침 미국 가전회사들은 일본 가전회사가 같은 제품을 일본보다 미국에서 싸게 판매한다며 미국 정부에 덤핑 판매를 제소했다. 소비자단체들은 마쓰시타를 '경영의 신'이 아니라 '돈벌이의 신'이라고 혹독하게 비난했다. 마쓰시타전기는 그야말로 사면초가 상태에 빠졌다. 이러한 소용돌이 속에서 1970년 하반기 마쓰시타의 이익이 14퍼센트나 감소했다.

이에 대해 마쓰시타는 "기업은 이익의 절반 이상은 세금으로 내야 한다. 나머지 20~30퍼센트는 주주에게 배당해야 한다. 또 기업이 발전해나가기 위해서는 연구개발과 설비투자를 해야 한다. 적어도 매출액 대비 영업 이익율은 10퍼센트가 필요하다"며 가격 인하 요구에 맞섰다.

이때 보란 듯이 마쓰시타에게 도전장을 내민 사람이 있었다. 당시 유통혁명의 기수로 일컬어지던 다이에이의 나카우치 이사오 사장이었다. 1922년 오사카에서 태어난 나카우치는 1957년 '주부의 가게 다이에이 약국'을 연 데 이어 전국 각지에 슈퍼마켓을 내면서 유통업에 본격적으로 뛰어들었다.

그는 "가격을 정하는 것은 제조업체가 아니라 소비자여야 한다"라는 주장을 내걸고 가격파괴 혁명을 일으켰다. 그는 태평양전쟁 때 필리핀 전선에서 느낀 가혹한 전쟁 체험을 계기로 서민들의 풍요로운 생활을 삶의 철학으로 삼게 됐다고 한다.

다이에이는 도쿄올림픽 특수가 사라지면서 텔레비전 재고가 늘어나는 틈을 타 마쓰시타전기의 텔레비전을 20퍼센트 가량 할인 판매하기 시작했다. 이에 마쓰시타전기는 다이에이에 자사 제품 공급을 전면 중단했다.

다이에이는 마쓰시타 제품을 구할 수가 없게 되자 크라운이라는 중견 텔레비전 제조회사에서 텔레비전을 사들여 '부부'라는 이름으로 기존 컬러텔레비전 가격보다 절반이나 싸게 판매했다. 당시 컬러텔레비전 가격은 10만 엔 가량 했는데 부부는 절반에 가까운 5만 9,800엔이었다. 사겠다는 사람들이 한꺼번에 몰려들어 제비뽑기로 구매자를 결정해야 할 정도로 성황을 이루었다.

마쓰시타전기에서 브라운관을 조달받아 생산하고 있던 크라운은 자사 제품이 50퍼센트나 할인된 가격으로 팔리고 있다는 사실을 뒤늦게 알았다. 마쓰시타전기는 크라운에 브라운관 공급 중단이라는 보복 조치에 들어갔고, 크라운은 경영 위기에 빠졌다. 다이에이는 그런 크라운을 사들여 자회사로 만들었다. 하지만 크라운은 결국 도산

했고, 그 영향은 다이에이에게 타격을 주었다.

이 과정에서 마쓰시타의 분노와 울분은 대단했다. 당시 마쓰시타는 "화가 나서 3일째 잠을 제대로 못 자고 있다"고 말할 정도였다. 하지만 하는 수 없이 1971년 1월 컬러텔레비전 신제품을 15퍼센트 인하해 발매하겠다고 발표했다. 역설적이게도 가격 인하로 마쓰시타의 컬러텔레비전 시장점유율은 10퍼센트 정도 올라갔다.

하지만 패배는 마쓰시타의 것이었다. 가격파괴 사태로 마쓰시타 브랜드 이미지가 크게 손상됐다. 그는 이 무렵부터 거액을 기부하지만 손상된 브랜드 이미지를 회복하기 쉽지 않았다. 반면 나카우치가 만든 비즈니스 모델은 미국 일류 비즈니스 스쿨의 교재로 채택될 정도였다.

마쓰시타와 다이에이와의 싸움은 1990년대까지 30년 동안 지속됐다. 1994년에야 다이에이와 마쓰시타전기 사이에 화해가 이뤄져 30년 전쟁은 막을 내리게 된다.

제조업체와 유통업체의 서로 다른 시각

결과적으로 마쓰시타에 맞선 나카우치가 승리한 모습이었지만, 나카우치에겐 승자의 저주가 기다리고 있었다. 다이에이는 기존 점포를 담보로 신규 점포 출점을 위한 자금을 빌리는 방식으로 순식간에 점포를 늘려왔다.

1972년에는 유통업계 명가인 미쓰코시백화점을 누르고 매출액 1위를 차지했다. 나카우치는 이후 유통업체 인수와 프로야구·금융·부동산·호텔 분야에 진출해 매출액 5조 엔의 거대 그룹으로 키웠다.

하지만 부동산 거품이 사라지기 시작하면서 은행에서 추가 담보를 요구받자 자금 상황이 급속도로 악화되기 시작했다. 거품경제 붕괴로 문어발식 확장의 부작용이 본격화돼 몰락을 피할 수 없게 된 것이다.

나카우치는 1999년 경영 실패의 책임을 지고 사장에서 물러났고, 2002년 은퇴했다. 다이에이는 2조 엔 이상의 채무 압박을 받다가 2004년 정부에 지원을 요청하게 됐다.

마쓰시타와 나카우치 간의 대결은 경영 전략의 충돌이기도 했다. 나카우치의 전략은 박리다매였다. 매출액이 클수록 물건을 싸게 들여올 수 있기 때문에 싸게 팔 수 있다. 유통업의 성공 방정식인 셈이다.

마쓰시타는 거리의 대리점을 지켜야 했다. 마쓰시타 제품을 많이 팔아주는 곳을 우대하겠다는 생각은 애초부터 갖고 있지 않았다. 마쓰시타의 방식이었다. 하지만 값을 내리겠다는 데 이의를 제기할 고객은 없었다. 고객과 시장의 변화를 제대로 읽지 못한 것이다.

'가격은 소비자가 결정해야 한다'는 나카우치의 생각과 '기업과 소비자는 공존 공영해야 한다'는 마쓰시타의 생각은 대립되는 것처럼 보이지만 국민이 행복하고 풍요롭게 생활하게 한다는 동일한 목표를 갖고 있었다.

소이치로 혼다

"모두들 내가 미쳤다고 했다.

오토바이를 만들면서 자동차 레이스에 나가는 게 말이 되느냐고 했다.

레이스는 자동차가 스피드를 냈을 때 안전을 체크해볼 수 있는 좋은 기회다.

그때 F1에 나가지 않았더라면 지금의 혼다는 없을 것이다."

발상의 전환이
승패를 갈랐다

혼다의 특징은 젊은 기업이라는 점이다. 혼다가 미에현 스즈카시에 새로운 공장을 지을 때였다. 땅값, 건물비, 설비비를 합쳐 100억 엔에 이르는 규모였다. 터를 선정하는 일만 혼다와 후지사와가 맡았고 나머지 공장을 설계하는 일은 평균 나이 24~25살의 젊은 사원들이 맡았다. 젊은 힘을 결집해 공장을 건설한 것이다. 혼다는 이렇게 말했다. "공장을 건설하는 데 나와 후지사와 전무는 어떤 간섭도 하지 않았다. 젊은이의 창의력을 기대해 거리낌 없이 대사업을 모두 맡겼다. 그랬더니 전 사원이 창의적인 아이디어로 공장을 만들어나갔다."

젊은 사원들은 기술 특징에 따라 계획서를 만들어 공장을 지어나갔다. 젊은이의 지혜를 모아 공장을 만들다 보니 새로운 아이디어가 계속 나왔다. 먼저 공장에는 부품과 제품을 쌓아두는 창고를 없앴다.

부품과 재고를 쌓아두는 비용을 줄이기 위해서였다. 부품 반입에서 생산라인, 출하배송에 일관된 흐름의 공정관리도 갖추었다. 부품 이 동시간을 단축해 운송비를 줄였고, 부품이 쌓이지 않도록 해 쓸데없 는 지출을 없앴다. 이 공장은 1960년 8월 가동한 지 2년 만에 100억 엔의 투자비를 모두 회수했다.

기술개발은 회사와 별도로 움직여야 한다

실패를 두려워하지 않고 도전하는 젊음과 열정은 혼다를 움직이는 힘이었다. 혼다연구소의 분리 독립도 마찬가지였다. 혼다연구소의 분리 독립에 적극적으로 나선 이는 후지사와였다. 그는 1954년 혼다 가 부도의 위험에 몰리게 된 것이 혼다 소이치로라는 뛰어난 기술자 에게 너무 의존했기 때문이라고 반성했다. 앞으로 혼다 소이치로가 없더라도 회사가 운영되기 위해선 독립적인 연구조직을 만들어나가 야 한다고 여겼다.

후지사와의 말이다. "기술에 열정적인 혼다 소이치로가 남아 있는 동안 회사는 별 문제가 없다. 그러나 언제까지 창업자에게 의존해서 는 안 된다. 앞으로는 수십 명, 수백 명의 혼다 소이치로를 배출하는 시스템을 키워나가야 한다."

후지사와는 판매 부문과 새로운 기술을 개척하는 연구개발 부문과 조직관리 부문을 다르게 가져가야 한다고 여겼다. 혼다연구소는 조직보다는 개인의 능력을 충분히 발휘할 수 있는 제도를 만들어나갔다.

혼다도 마찬가지였다. "연구란 사실 실패의 연속이다. 99퍼센트 이상은 실패라고 생각하면 된다. 그런데 연구 부문을 이윤 추구를 우선시하는 조직 아래 둔다면 제대로 된 기량을 발휘할 수 없다. 창의적인 연구를 계속하기 위해 연구 부문은 회사와는 다른 체제로 가야 한다."

핵심으로 떠오른 혼다기술연구소

혼다기술연구소는 혼다 기술의 핵으로 떠오르기 시작했다. 그 기술은 일본보다 유럽에서 먼저 부각됐다. 바로 만도 'TT레이스(International Tourist Trophy Race)'로, 1906년 '영국의 만도(Isle of Man)'에서 시작된 세계 최초의 오토바이 경주대회였다.

420킬로미터를 단번에 질주하는 고된 경주로, 여기서 우승하는 건 오토바이를 만드는 모든 사람의 꿈이었다. 혼다도 이 경주에 도전하기로 결심한다. TT레이스에 참가해 우수한 성적을 얻지 못하면 세계 오토바이 시장에서 이름을 날리기 어려웠다. 혼다는 1954년 영국 만도에 가서 레이스를 보고 깜짝 놀랐다. 독일과 이탈리아 오토바이가 상당한 마력을 내며 달리고 있었다. 언제 자신의 꿈을 이룰 수 있을까 싶어 반은 비관하고 반은 기가 질렸다. 그러나 타고난 승부근성이 고개를 들었다.

'남들이 할 수 있는데 우리라고 못할 리 없다.'

혼다는 매년 이 경기에 출전했으나, 1위를 차지하기는 쉽지 않았다. 그러던 중 1961년 드디어 이 대회에서 1위에서 5위까지를 모두 차지했다.

당시 일본에서는 소수의 오토바이 애호가들만 대회를 알고 있어 우승 소식은 일본에서 제대로 대접받지 못했다. 오히려 오토바이의 본고장인 영국에서 우승을 한 혼다의 높은 기술 수준에 주목했다.

경기에 나온 오토바이가 당장 상품으로 만들어지는 것은 아니다. 그러나 경기 우승이 혼다 기술진은 물론, 회사 전체에 기술에 대한 자신감을 가져다주었다. 기술의 자신감이 상품을 만드는 데 반영되는 것이다.

혼다가 이 경기에서 승리함으로써 유럽에서 혼다의 지명도는 국내와 비교할 수 없을 만큼 높아졌다. 그는 모터사이클의 대명사가 됐고, 더불어 혼다의 브랜드가 유럽에 침투하게 됐다.

미국시장 진출의 난관

혼다의 미국 진출은 발상의 전환이 얼마나 중요한지를 보여주었다. 기존 관념에 얽매이지 않고 새롭게 도전했다. 혼다는 미국에 진출하기 전 시장분석팀을 미국, 유럽, 동남아시아에 보내 시장 환경을 분석했다. 조사결과 미국보다는 유럽 시장 쪽이 유망한 걸로 나왔다. 미국은 당시 오토바이가 팔리지 않는 나라로 통했다. 그 무렵 미국 오토바이 시장 규모는 연간 6~10만 대 정도에 지나지 않았다. 연간 10만 대라 해도 혼다가 거점으로 생각한 캘리포니아 주를 중심으로 한 서부는 3만 대에 그쳤다.

당시 미국의 오토바이 보유 대수는 불과 40~50만 대 정도였다. 자동차가 대중화되면서 오토바이를 사려는 고객은 많지 않았다. 검은 가죽점퍼를 입은 '블랙재킷'들만 오토바이를 애용하고 있는 실정이었고 일반고객보다 마니아 위주로 형성돼 있었다.

그는 그때를 이렇게 떠올린다.

"아메리카혼다를 설립할 때다. 미국에 있는 한 대리점과 예상 판매치를 놓고 얘기하다 7,500대 정도를 팔고 싶다고 얘기했다. 상대편은 그 정도는 팔 수 있다며 쾌히 승낙했다. 그러나 계속 이야기를 하다 보니 앞뒤가 안 맞았다. 다시 물어보니 상대는 연매출을 말한 것이었고, 우리는 월매출을 말한 거였다. 상대는 매달 7,500대는 도저히 무리라면서 우리와 대리점 관계를 맺는 것을 거부했다."

미국 오토바이 시장은 안개처럼 불투명했다. 일부 임원들은 연간 3백만 대가 넘는 오토바이 시장을 형성하고 있는 유럽으로 진출해야 한다고 목소리를 높였다. 동남아시아로 진출해야 한다는 의견도 나왔다. 동남아는 많은 사람들이 오토바이를 타고 있지는 않지만 개척하기에 따라서 가능성이 보이고 지리적으로 유리하다는 이유에서다.

그러나 혼다와 후지사와는 완강하게 미국 진출을 주장했다. 그 이유는 세계의 소비경제가 미국에서 비롯되기 때문이다. 미국에서 수요를 창출할 수 있다면 그 상품은 장래성이 있었다. 하지만 미국에서 판매가 안 되는 상품은 국제 상품이 되지 못하기 때문에 미국이라는 거대한 수출시장을 개척해야 했다.

미국 오토바이 시장의 변화를 읽으면 시장을 만들어나갈 수 있다는 자신감이 생겼다. 기존 사고방식으로 가질 수 없는 새로운 해석이기도 했다. 혼다의 말이다.

"미국에서 오토바이를 쓰는 용도가 달라졌다. 오토바이는 자동차에 밀려 더 이상 예전처럼 수송 수단이 될 수 없다. 하지만 자동차는 수송 수단이지 레저 수단은 아니었다. 사람들은 자동차로 들어갈 수 없는 곳, 길이 없는 곳으로 가거나 낚시를 즐긴다. 오토바이를 자동차에 밀려나는 것이 아니라 레저용품으로 여기게 만들어야 한다."

당시엔 외국 상사나 현지 판매점을 통해 위탁 판매가 일반적이었다. 하지만 혼다는 미국 법인을 통해 판매하기로 했다. 독자적인 판매 루트를 개척하기로 한 것이다. 미국 판매를 현지 대리점에 위탁하면 처음에는 쉬울 수 있다. 그러나 고객과의 접점 없이는 장기적으로 판매를 확대할 수 없다.

혼다는 독자적인 유통망을 만들기 위해 자본금 50만 달러의 아메리카 혼다모터스를 설립하기로 했다. 그런데 차질이 생겼다. 문제는 관료들이었다. 그 무렵 일본은 달러가 없어 해외여행 때 외화를 갖고 나가는 것조차 엄격하게 규제하던 시절이었다.

혼다가 현지 법인 설립을 대장성에 신청했지만 관료들은 좀처럼 허가를 내주지 않았다. 월 5천~1만 대 판매 계획을 강조해도 대장성은 그렇게까지 늘어날 것이라고 믿지 않았다. 때마침 현지 법인을 만들어 미국에 진출한 도요타가 자동차 판매에 참담한 실패를 겪고 철수한 뒤여서 달러를 쉽게 갖고 나갈 수 없다는 것이었다.

혼다와 후지사와는 부지런히 정치인과 공무원을 만나 인가 신청을 허가해달라고 호소했다. 뒤늦게 인가가 나왔지만 자본금이 25만 달러로 깎여 있었다. 관료들은 과거의 연장선에서 미래를 전망했고, 기업가는 새로운 수요를 창출해나가는 도전정신에서 미래를 내다본 것이다.

역발상으로 미국시장에서 성공하다

미국에서 새로운 오토바이 수요를 만들어낼 것이라는 혼다의 예상은 맞아떨어졌다. 1959년 9월 혼다의 해외 진출 출발신호가 울렸다. 현지 법인 아메리카 혼다모터스가 설립됐다. 미국에서 판매할 오토바이는 오토바이광이 사는 것이라는 고정관념을 깨는 제품, 기존 오토바이에 대한 인식을 뒤엎는 것이어야 했다. 주력 상품은 슈퍼커브였다. 50cc의 작은 배기량으로 소형 오토바이였지만 여성을 뒷자리에 태울 수 있고 스마트한 외관과 고출력을 갖춘 오토바이였다.

판매점도 새롭게 조직해나갔다. 목표로 삼은 것이 스포츠용품점과 낚시도구점이다. 혼다가 말했듯 오토바이를 레저용 상품으로 설정한 것이다. 혼다는 슈퍼커브를 개량해 헌터커브라는 수렵가용 오토바이도 발매했다. 사냥하는 사람들이 자동차로 갈 수 없는 좁은 오솔길에서도 편리하게 탈 수 있는 제품이었다. 물론 판매가 마냥 순조로웠던 것만은 아니다. 당시만 해도 일본의 기술력은 떨어졌고, 일본과 미국의 도로 환경도 달랐다. 일본 도로 환경에서 만들어진 슈퍼커브는 미국에서 속도를 제대로 내지 못했고 번번이 고장을 일으켰다.

이에 혼다는 '오토바이는 애프터서비스와 함께 팔아야 한다'를 모토로 내세우며 수리용 부품을 비행기로 날라 서비스에 힘썼다. 유달리 지기 싫어하는 혼다 소이치로도 팔을 걷어붙였다. 새로운 스피드와 환경에 견딜 수 있도록 차차 개량해나간 것이다. 이런 노력 덕택에 혼다의 오토바이는 미국 진출 2년부터 급속하게 판매가 확대됐다. 슈퍼커브는 '오토바이의 폭스바겐'이라는 평판을 얻을 정도였다.

자동차 사업 진출에서의 난관

혼다 소이치로가 오토바이 사업에 진출할 때 일본에서 오토바이를 만들던 회사는 200곳이 넘었다. 이런 상황에서 혼다는 엔진과 오토바이를 만들어 치열한 경쟁을 거치면서 일본 1위의 오토바이 회사를 만들었다. 그의 꿈은 오토바이만이 아니었다. 자동차를 만들고 싶었다. 어린 시절 꿈을 이루는 일이었다. 그는 다시 자동차 엔진에 시동을 걸려 했다.

하지만 정부는 그렇게 하도록 내버려두지 않았다. 당시 일본 정부는 일본 자동차의 경쟁력을 높이기 위해 국내에서 불필요한 경쟁을 억제할 필요가 있다고 판단했고 자동차 회사 수를 제한하는 방안을 마련했다. 세계 최대 자동차 생산국인 일본에서 그런 일이 있었다는 것이 믿겨지지 않겠지만, 불과 40년 전의 일이었다. 관료들은 하루빨리 미국과 유럽을 따라가기 위해선 일본 안에서의 경쟁을 제한하는 일이 중요하다고 여겼다. 지나친 관료주의가 작동한 것이다.

일본 통산성은 1963년 자동차 제조회사를 3개로 정리하겠다는 '3그룹 구상'을 내놓는다. 정부는 이를 법안으로 못 박으려고 했다. 정부가 마련한 '특정산업진흥법안'이 국회에 상정됐다. 자동차, 중공업, 석유화학 등 특정 산업을 지정해 특전을 주어 육성한다는 것이었다.

혼다는 "국가의 보조를 받고 사업에 성공한 예가 도대체 어디 있느냐"며 강하게 저항했다. 그는 실제로 행동으로 옮기기도 했다.

"나는 난폭하게 굴었다. 통산성에 찾아가 책상을 두드리며 화를 냈다. 말도 안 되는 소리였다. 자동차 회사를 줄이지 않으면 미국 자동차에 진다는 말을 듣자 더 화가 났다. 그때 나는 오토바이 후발주자이면서도 영국, 독일, 미국의 제조회사를 전부 제치고 세계 제일이 되어 있었다. 우리가 자동차에서 세계 제일이 되지 못할 이유라도 있단 말인가?"

혼다는 자동차를 향한 강한 의지를 보여주기 위해 오토바이의 TT 레이스와 같은 자동차 최고의 레이스인 포뮬러 원(F1)에 출전한다고 선언했다. 최고에 도전해 자신의 힘을 시험하고 나서 제품을 만드는 것이 혼다의 스타일이었다.

"모두들 내가 미쳤다고 했다. 오토바이를 만들면서 자동차 레이스에 나가는 게 말이 되느냐고 했다. 하지만 자동차에는 자동차의 안전이 있고, 오토바이에는 오토바이의 안전이 있다. 레이스는 자동차가 스피드를 냈을 때 안전을 체크해볼 수 있는 좋은 기회다. 그때 F1에 나가지 않았더라면 지금의 혼다는 없을 것이다."

혼다는 1964년 독일 그랑프리 레이스에 처음으로 출전했다. 정비 불량으로 차가 콘크리트 벽에 처박혔다. 레이서는 무사했지만 차는 크게 파손되고 말았다. 그해 이탈리아 그랑프리에서도 엔진 과열로 차에 불이 나 경기를 중간에 포기해야만 했다. 미국에서 열린 레이스 역시 엔진이 문제를 일으켜 도중에 퇴장할 수밖에 없었다.

사람들은 비웃었지만 기가 죽을 혼다가 아니었다. 혼다는 밤낮으로 경주용 자동차를 개량하는 데 힘썼다. 이듬해 혼다 차는 모나코에서 처음 완주했다. 그해 마지막 경기인 멕시코에서는 마침내 1등을 거머쥐었다. TT레이스와 달리 2년 만에 우승한 것이다.

자동차 사업에 뛰어들다

정부는 우여곡절 끝에 혼다의 자동차 진출을 승인했다. 자동차 사업에 뛰어들기 위해선 유통망을 확충해야만 했다. 먼저 자동차 사업을 벌이고 있던 도요타와 닛산은 곳곳에 판매점을 확보하고 있었다. 혼다 판매점 대부분은 자전거 가게였다. 자전거 가게에서 자동차를 팔 수는 없는 일. 애프터서비스 해줄 곳도 없었다.

혼다는 서비스룸(SR)과 서비스공장(SF)이라는 새로운 개념의 유통망을 도입해 이런 문제를 풀었다. 먼저 가게가 좁아 차를 전시할 공간이 없는 판매점에는 포스터와 카탈로그만 비치해두었다. 대신 본사가 자동차 전시와 상담을 위한 장소를 마련해 여러 대리점이 함께 이용하도록 했다.

애프터서비스도 마찬가지였다. 혼다는 몇 개의 판매점이 공동으로 정비와 애프터서비스를 제공하는 서비스공장을 만들었다. 대리점은 정비와 수리는 이곳에 맡기고 판매에만 전념하면 됐다. 서비스공장은 혼다가 직영으로 운영해, 고객들이 후발주자의 차를 살 때 애프터서비스를 걱정하지 않도록 배려했다.

F1 우승으로 자신감을 얻은 혼다는 처음에 경차 개발을 추진했다. 자본과 기술, 유통망이 부족한 혼다로선 경차 이외에 선택의 여지가 없었다. 드디어 1966년 3월 경차 'N360'을 내놓았다.

공랭 2기통에 30마력, 최고속도 110킬로미터. 31만 3천 엔이라는 낮은 가격과 2년 동안 5만 킬로미터를 보증했다. 파격적이고 놀랄 만큼 싼 가격이었다. 경차 N360이 발매되자 경차 부문에서 업계 1위로 뛰어올랐다.

1966년은 일본의 자동차 생산 대수가 영국을 뛰어넘어 미국, 독일에 이어 세계 3위가 된 해이다. 쿨러(에어컨), 컬러TV, 카(자동차)라는 '3C시대'가 막을 연 때였다. 혼다의 경차는 대단한 도전이었지만 완전한 성공은 아니었다. 비도 새고 기름도 샜으며, 여기저기서 불쾌한 잡음이 들린다는 고객의 불만이 잇따랐다.

결함을 극복하는 과제를 떠맡다

고성능을 추구하다 보니 이에 따른 불균형으로 결함이 속출했다. 게다가 당시 미국에서는 변호사 랄프 네이더가 자동차의 위험에 문제의식을 품고 『어떤 속도에서도 안전하지 않다』라는 책을 출판해 GM의 결함 차를 고발했다. 그의 소비자 운동은 국민적인 주목을 받았고, 소비자 주권이라는 새로운 물결을 일으켰다. 미국의 영향을 받아 일본에서도 도요타 카롤라, 닛산 에코, 혼다 N360의 안정성에 대한 비판이 이어졌다.

신문에선 '혼다 또 결함'이라는 제목의 기사를 잇달아 내보냈다. 혼다 차가 사고 나면 그 원인이 전부 기술적 결함 때문이라는 인상을 주는 제목이었다. N360 매출은 급전직하해 판매 대수는 1969년 연간 20만 대에서 다음 해 4만 대로 떨어졌다.

혼다는 결함 차라는 이미지를 벗어야만 했다. 마침 기회가 왔다. 미국 상원의원인 에드몬드 머스키는 대기오염방지법을 대폭적으로 개정한 법안을 의회에 상정했고 이 법은 1970년 말에 발효됐다. 이른바 머스키법으로 불린 이 법은 일산화탄소, 탄화수소, 질소산화물 등 자동차 배기가스를 기준 차의 10분의 1로 한다는 엄격한 기준을 담고 있었다.

당시 세계 각국의 어느 자동차 제조사도 달성 불가능한 일이라고 생각했다. 혼다는 "자동차 후발 메이커인 혼다가 다른 회사와 동일선상에 설 수 있는 절호의 찬스"라며 저공해 엔진 개발에 박차를 가했다.

공랭이냐, 수랭이냐

혼다는 '독창적인 공랭엔진, 고출력, 고급세단, FF차(전륜구동)'이라는 목표를 내걸었다. 그는 자동차 엔진도 오토바이에서 사용하는 공랭식으로 충분하다고 생각했다. F1용 엔진으로 공랭을 고집했던 것처럼 독창성의 근거는 공랭엔진에 있다는 것이 혼다의 신념이었다.

세계 어떤 자동차 업체도 다루고 있지 않다는 점과 개발이 어렵다는 장애물이 혼다의 도전정신을 불태운 것이다. 그러나 연구소의 젊은 기술자들은 자동차와 공랭방식이 이어질 수 있을지 의아해했다. 오토바이보다 배기량이 2~3배 큰 자동차 엔진을 공랭식으로 열을 식히는 것은 무리라고 여긴 것이다. 그럼에도 연구소에서 누구도 그를 거역하지 못했다.

1969년 여름 혼다의 젊은 기술자 60명이 모여 논의를 했다.

"공랭엔진은 너무 무겁다. 때문에 타이어가 한쪽만 마모하는 등 여러 곳에 무리가 온다. 가격도 너무 비싸진다. 편한 길이 있는데 굳이 공랭이라는 어려운 길을 선택할 필요가 있는가."

대부분 이와 같은 의견이었다.

당시 연구소장은 이렇게 회고했다.

"강력한 창업자가 있고, 게다가 그 사람이 기술적으로 최정상에 서 있다. 더욱이 어마어마한 성공 기록을 갖고 있다. 그런 리더가 있기에 갈 데까지 가보지 않고는 절대로 중도 포기하지 않는 기업 체질을 갖고 있었다."

그러나 이번에는 사정이 달랐다. 새 엔진 개발에는 보통 4~5년이 걸린다. 이제까지 다룬 적 없는 공랭식 엔진을 개발하려면 시간이 부족했다. 결국 연구소장이 혼다를 찾아갔다.

"어떻게 해도 공랭식으로는 미국의 배기가스 규제를 맞출 수 없습니다. 수랭식으로 하게 해주십시오."

잠시 침묵이 흘렀다. 얼마 후 혼다가 불쑥 말을 뱉었다.

"너희들이 이겼다."

이는 창업자가 은퇴를 결심하는 순간이기도 했다. 혼다는 자신의 방식으로 젊은 연구원을 뛰어넘을 수 없다는 것을 인정할 수밖에 없었다.

창업자의 아름다운 퇴진

3년 뒤 혼다는 CVCC 엔진을 개발했다. 세계에서 처음으로 성공한 저공해 엔진이었다. 1972년 10월 새로운 엔진 발표회가 있었다. 개발진을 거느린 혼다는 득의만면한 미소를 띠고 질문 응대에 나섰다. 자체 기술이 세계 정상에 선 것이다.

　모방을 싫어하는 혼다에게는 이상적인 자체 기술이자 꿈의 실현이었다. 신문들은 '어떻게 할 거냐? 도요타, 닛산'과 같은 제목을 달아 대서특필했다.

　혼다의 새 엔진은 1975년 마스키법 합격 제1호로 지정됐다. 혼다는 자신들이 개발한 기술을 공개했다. 일본 최대 자동차 기업인 도요타가 기술을 높이 평가해 기술을 제공받기로 결정했다. 그러자 세계 각국의 자동차 메이커가 이 엔진에 대해 설명을 요청하며 연구소를 방문했다. 포드, 크라이슬러, 이스즈 같은 유명 메이커도 이에 따랐다. 가장 늦게 출발한 후발 자동차업체가 세계의 빅 메이커를 앞서는 기술을 개발한 것이다.

　혼다는 이 엔진으로 '시빅'이라는 소형차를 내놓는다. 엔진은 수랭식, 심플하고 가격도 쌌다. 특이한 디자인도 인기를 모아서, 1973년 '올해의 차'에 선정되기도 했다.

　시빅이 나온 이듬해 1973년 10월 혼다는 후지사와 부사장과 함께 퇴임을 발표한다. 혼다가 67살, 후지사와가 63살이었다. 회장으로 물러나 이것저것 간섭하는 방식이 아니었다. 완전히 경영 일선을 떠난 것이다. 후지사와 다케오 부사장도 마찬가지였다. 그들의 동반 퇴진은 두 사람을 신화로 만들었다.

두 사람은 퇴임을 결정하고 이런 말을 나누었다.

"그저 그런 정도로군."

"네. 그럭저럭."

"이쯤에서 괜찮겠지."

"글쎄요, 그렇게 하지요."

"행복했어."

"정말 행복했습니다. 감사합니다."

"나도 고마워. 괜찮은 인생이었어."

가즈오
이
나
모
리

"일본의 통신사업은 메이지유신 이후 정부에서 직접 관리했습니다.

이제 100년 만에 대전환기를 맞고 있습니다.

우리는 국민을 위해 일본의 통신요금을 내리지 않으면 안 됩니다.

한 번 살다 가는 인생, 나는 목숨을 걸고 이 사업을 성공시킬 것입니다."

풍차를 향해
돌진하는 돈키호테

1984년 일본의 전화통신사업 자유화 당시, 이나모리가 제2통신회사를 창업하려 할 때 주변 사람들은 그를 무모한 돈키호테라고 비웃었다. 100년 동안 전화 사업을 독점해오던 일본전신전화공사(NTT)에 맞서 통신사업을 시작하겠다고 했으니 그럴 만도 했다.

하지만 교세라의 통신사업 진출은 다각화의 대표적인 성공 사례다. 사실 교세라는 다각화 경영으로 성장을 반복해왔다. 교세라 창립 20주년인 1979년엔 정보통신사업의 기술 토대가 된 트라이텐트사와 사이버네트공업을 인수했다. 1982년에는 교토세라믹에서 '교세라(Kyocera)'로 사명을 바꾸며 세라믹 기업에서 정보통신 기업으로 변신했다. 이듬해에는 카메라 회사인 야시카까지 합병했다.

한편에선 인수 · 합병(M&A)으로 돈을 벌었다고 비난하기도 했다.

이에 이나모리는 "도의에 따라 회사를 떠맡았을 뿐 결코 사냥꾼처럼 행동하지 않았다"고 반박한다.

실제로 교세라는 성과 좋은 기업을 인수해 주가 차익을 노리는 것이 아니라 적자로 부도 위기에 처한 기업을 인수·합병해 흑자로 만들었다. 이나모리는 M&A 뒤 인원 삭감 없는 고용 보장을 통해 조직원의 역량 발휘를 이끌어냈다. 그는 인수 기업을 기존 사업과 연계해 시너지 효과를 이끌어냄으로써 어려움에 처한 기업의 부활을 돕는 동시에 수익 창출 방법을 모색한 것이다.

거대 공룡 NTT에 도전장을 내밀다

NTT는 민영화 당시 연간 매출액 4조 엔 규모에 종업원 수만도 33만 명에 이르는 공룡 기업이었다. 반면 교세라는 성장세를 이어가고 있었지만 매출액 2,200억 엔에 직원 1만 1천여 명이었다. 둘은 골리앗과 다윗처럼 보였다.

게다가 이나모리는 전화 사업엔 문외한이었다. 그는 화학을 전공했으며, 통신기술 지식이 거의 없었다. 그런 그가 NTT에 도전한다는 것은 마치 돈키호테가 창 하나 달랑 들고 풍차에 맞서 싸우는 모습과 다를 바 없었다.

NTT는 메이지유신 이후 통신회선을 전국 구석구석까지 깔아놓고 국내 전화를 독점하고 있었다. 경쟁이 없는 독점기업이었기에 일본 전화요금은 세계적으로 비쌌다. 이나모리는 새로운 전화 회사가 등장하면 경쟁이 생겨 비싼 전화요금도 내려갈 것이라고 여겼다. 그러나 누구도 이 공룡 기업과 맞서는 데 나서지 않았다. 리스크가 너무 컸다. 어느 회사도 제2통신회사를 만들려고 하지 않았다. 제2통신회사가 잘못되면 모회사도 휘청거릴 수 있었기 때문이다.

이나모리는 6개월 동안 잠자리에 들기 전 스스로 자문자답을 했다. '세상에 나를 드러내기 위한 사심은 없는가? 내 이름을 남기고 싶은 것 때문이 아닌가? 국민의 이익을 위한다는 생각은 순수한가?' 마침내 이나모리는 세상을 위해, 다른 사람을 위해 최선을 다하고 싶다는 뜻이 확고부동하게 섰을 때 공룡 NTT에 도전하기로 결심했다.

"교세라는 창업 이래 쌓아 놓은 잉여금 1,500억 엔이 있습니다. 이 가운데 1,000억 엔을 쓸 수 있게 해주시기 바랍니다."

이나모리는 1983년 교세라 이사회에서 제2통신사인 DDI(다이니덴덴·第二電電) 설립을 제의했다. 무모한 도전이라고 여겼던 통신사업 진출, 현재 KDDI의 모태가 된 DDI 창업은 이 이사회에서 결정됐다. 이나모리는 도쿄에서 열린 한 경제인 모임에서 "아무도 하지 않으면 내가 참여하겠습니다"라고 말했다. 그러자 소니 사장 등 많은 경제인들이 선뜻 찬성해주었다. 교토세라믹이 중심이 되고, 우시오전기, 세콤, 소니, 미쓰비시상사 등 4개 사가 발기인이 되어 총 25개 사가 주주로 참여했다.

이나모리는 발기인 대회에서 이렇게 말했다.

"일본의 통신사업은 메이지유신 이후 정부에서 직접 관리했습니다. 이제 100년 만에 대전환기를 맞고 있습니다. 우리는 국민을 위해 일본의 통신요금을 내리지 않으면 안 됩니다. 한 번 살다 가는 인생, 나는 목숨을 걸고 이 사업을 성공시킬 것입니다."

통신사업의 새로운 역사를 쓰겠다는 원대한 목표를 내걸고 출발했지만, 직원은 겨우 20명이었다. 그럼에도 이나모리가 통신사업에 진출한 것은 '경쟁을 통해 전화요금을 내리면 국민에게 이익이 되고, 공익을 실현하는 길'이라는 굳은 신념이 있었기 때문이었다. 그는 경영전략을 수립할 때마다 대의명분을 내세웠다. 그 결과 그의 신념을 믿은 20명의 통신 분야 전문가가 모여든 것이다.

NTT는 이런 움직임을 거들떠보지도 않았다. 일본 최대 기업에 다니고 있다는 뿌듯한 자부심에 안주하고 있던 직원들은 교토의 일개 전자부품 회사에 관심조차 기울이지 않았다. 그럼에도 이나모리와 20명의 기술자들은 도전정신으로 똘똘 뭉쳐 뚝심 있게 미지의 사업을 향해 발걸음을 내디뎠다.

하지만 이나모리 앞에는 또 다른 역경이 기다리고 있었다. 그해 가을 일본 국철(JR)과 일본도로공사가 통신사업에 뛰어들었다. 국철은 신칸센을 따라 광섬유를 깔 수 있었고, 일본도로공사는 고속도로 중앙분리대에 광섬유를 매설할 수 있었다.

통신 선로를 확보하는 게 성패의 관건이었다. 이나모리는 국철 CEO를 만나 "선로 주변에 회선을 깔 수 있도록 해달라"고 부탁했다. 그러나 돌아온 것은 정중한 거절이었다. 그는 "국가 시설이자 국민의 재산인 국철 선로를 사용할 수 없다는 것은 공정하지 못하다"고 항의했지만 부질없는 일이었다. 일본도로공사에서도 거절당했다. 주변 사람들도 처음엔 "DDI야 말로 통신 자유화의 첨병"이라고 추켜세웠으나, 몇몇 회사가 새로이 참여하자 거품론을 들먹이며 우려했다.

악전고투로 기지국들을 건설하다

1984년 6월 DDI는 시외전화 사업권을 확보했다. 이나모리는 철도망과 도로망을 따라 통신선을 까는 것을 포기하고 새로운 방안을 찾아냈다. 무선으로 통신을 보내는 방식이었다. 그러기 위해서는 기지국을 세워야 했다. 도쿄-나고야-오사카를 핵심 축으로 삼고 그 사이를 잇는 8개 중계기지국을 건설하는 계획이 세워졌다.

계획 추진에는 어려움이 따랐다. 땅을 사기 위해 협상을 벌여야 했고, 파라볼라 안테나를 설치하고 무선장치를 건설해야만 했다. 어렵고 시간이 오래 걸리는 작업이었다. 전문가라 해도 제대로 해내기 힘든 고된 일이었다.

경쟁사는 이미 확보한 선로와 도로를 따라 통신선을 깔기만 하면 됐다. DDI는 상황이 달랐다. 만약 중계기 완공이 늦어져 서비스 개시가 뒤처지면 경쟁에서 도태될 수밖에 없었다. 이나모리는 "100년 만에 한 번 올까 말까 한 대변혁기다. 반드시 성공해 우리의 힘을 보여주자"며 직원들을 독려했다.

보통 중계기를 산 위에 설치했는데, 중계기가 들어설 터에는 길조차 없는 곳도 있었다. 겨울에는 눈이 5미터 이상 쌓여 일대가 눈에 묻히기도 했다. 여름에는 모기에 물려가면서 밤낮없이 공사를 진행했다. 철골이나 시멘트는 헬리콥터를 이용해 수송했고, 작은 물자는 인부들이 어깨에 지고 산길을 걸어서 날랐다. 이런 노력 끝에 이나모리와 그 직원들은 3년 걸릴 것으로 예측됐던 기지국들을 2년 4개월 만에 개통했다.

본격적인 서비스에 앞서 기업을 상대로 한 전용 시외전화 사업을 했다. 쉽지 않았다. JR과 일본도로공사에 견줘 DDI는 기업 영업에서 압도적으로 불리했다. 당연히 계약건수도 최하위권이었다. 승부는 기업이 아니라 일반인을 상대로 한 서비스로 정했다.

서비스 개시일인 1987년 9월 4일 자정, 이나모리는 도쿄의 DDI

본사에서 전화 다이얼을 눌렀다. 교토에서 대기하고 있던 사람들의 흥분된 목소리가 들려왔다. "축하합니다, 이나모리 회장님!" 사무실에 있던 직원 모두가 환성을 질렀다. 눈물을 흘리는 사람까지 있었다.

하지만 감상에 젖어 있을 시간이 없었다. NTT와 신생 통신 3사 간의 치열한 경쟁이 기다리고 있었다. 당시 도쿄-오사카 간 통화료는 NTT가 3분 기준으로 400엔이었다. 반면 신생 3개 통신사는 300엔으로 책정했다.

DDI를 이용해 시외전화를 걸면 0077 같은 네 자리 숫자를 먼저 눌러야 했다. 사람들은 이것을 불편해했다. 이나모리는 요금이 낮은 전화회사를 자동으로 선택해주는 DDI어댑터를 개발했다. 그 뒤 0077을 누를 필요가 없는 편리성을 무기로 시장 공략에 나섰다.

자본과 기술, 인력의 열세는 물론 성공할 수 없을 것이란 냉담한 여론 속에서 국민들의 비싼 전화요금 부담을 덜어주자는 대의명분으로 시작한 통신사업이었다. 결과는 더디지만 성공적이었다.

NTT 독점으로 3분에 400엔을 웃돌던 도쿄-오사카 간 전화요금은 DDI의 등장으로 경쟁구도로 바뀌면서 불과 몇 년 뒤 절반 이하로 떨어졌다. 그 뒤 DDI는 설립 10년 만에 일본 최대 민간 통신회사로 성장한다.

통신사업을 발판으로 휴대전화 사업에 진출하다

몇 년 뒤 휴대폰 사업 역시 경쟁체제로 바뀌게 된다. 이나모리는
DDI 이사회에서 "맨 먼저 진출하자"고 제안했다. 당시만 해도 휴대
전화는 벽돌마냥 컸고, 부유층이 쓰는 사치품의 일종이었다. 세계 어
느 나라에서도 휴대폰 사업으로 수익을 내는 기업은 없었다. 때문에
DDI 이사회에선 이나모리와 한 사람을 제외한 전 임원이 휴대폰 사
업 진출에 반대했다.

이나모리는 눈 깜짝할 새 기술 개발이 진행되는 반도체 분야의 IC
패키지를 개발해왔기 때문에 정보통신 분야에서 스피드가 무엇보다
중요하다는 것을 알고 있었다.

이때 일본고속통신도 휴대전화사업을 신청했는데, 사업인가를 맡
고 있던 우정성은 서비스 지역을 나누기로 했다. 하나는 도쿄를 중심
으로 한 수도권 지역과 나고야를 중심으로 한 도카이 지역이었다. 다
른 하나는 홋카이도와 규슈, 오키나와 등 일본 북부와 남부 지역이었
다. 두 지역 중 어느 곳을 얻느냐를 놓고 DDI와 일본고속통신은 의
견 접근을 이루지 못하고 있었다. 도쿄와 나고야를 잇는 지역은 대도
시가 집중해 있고 수요가 큰 지역이어서 두 회사 모두 이 지역에서
사업을 하고 싶었다.

이나모리는 "이대로 서로 대립하면 결국 피해를 보는 것은 국민"

이라며 한발 물러나기로 결정했다. 수도권과 중부권을 경쟁사에 넘겨주고 홋카이도와 규슈, 오키나와 지역을 할당받았다. 경쟁사 시장 규모의 50퍼센트에 지나지 않았다.

이나모리가 결과를 DDI 이사회에 설명하자, 이사들은 "이나모리 씨, 당신은 맛있는 만두 속은 상대방에게 빼앗기고 껍데기만 받아 왔단 말이오!"라며 질타를 퍼부었다. 이에 이나모리는 이렇게 대응했다.

"껍질이라도 먹고 죽지는 않는다. 지는 것이 이기는 것이라는 말도 있다. 모두 힘을 다해 그 껍질을 황금피로 만들겠다."

조직·인재 관리 노하우를 배워라

CEO는 방대한 조직을 관리해야 한다. CEO의 스타일과 특성이 다르듯, 조직관리 방식도 기업마다 차이를 보인다. 이나모리는 '적자는 죄악' '가격결정이 경영'이라는 교세라식 경영 방침으로 흑자를 내는 데 집중했다. 이때 등장하는 단어가 바로 '아메바 경영'이다. 즉 회사 전체를 최대 20명 이하의 소규모 조직으로 분할해 운영하는 경영전략이다.

아메바 경영, 직원 모두는 파트너이자 경영자다

아메바 경영은 이나모리의 경험에서 비롯됐다. 이나모리는 교세라가 성장함에 따라 고민이 생겼다. 중소기업일 때만 해도 제품 개발에서 제조, 영업에 이르기까지 많은 일을 도맡아 했지만 회사 규모가 커질수록 자신이 모든 부문을 관여하기 힘들었다. 그는 돌파구를 찾아야만 했다. 무엇보다 사원 모두가 주인처럼 일할 수 있는 방법을 찾았다. 그런 고민 속에서 나온 것이 바로 아메바 경영이다.

아메바는 0.2밀리미터 크기에 불과한 단세포 원생동물이다. 환경 변화에 재빨리 대응해야 살 수 있는 생물체다. 이나모리는 아메바의 생존 원리를 교세라 조직에 적용했다. 회사 전체를 공정별, 제품군별로 나누고 또 이를 공정에 따라 더 작은 조직으로 나누었다. 각 조직은 하나의 중소기업처럼 독립채산제로 운영하도록 한 것이다.

아메바 조직의 리더는 자신의 부문을 책임지고 이익을 내지 못할 경우 도태될 수밖에 없다. 조직이 커지면 그만큼 비효율을 발견하기도 어려워지는데, 조직을 소규모로 나누면 각 조직의 실적을 파악해 관리하기에 용이하다. 동시에 사원들도 경영자 마인드를 지니고 행동하게 된다. 회사의 사원으로 일하는 것이 아니라, 조직의 CEO로 일하게 돼 개개인이 능력을 발휘할 수 있는 게 아메바 경영의 장점이다.

아메바 경영을 구체적으로 보면 이렇다. 파인세라믹스 제조공장의 경우 원료 성형, 소성, 가공 등의 공정을 거친다. 이런 공정을 각 아메바로 나누는 것이다. 최소 5명에서 수십 명까지의 아메바들은 하나의 소기업처럼 움직인다. 아메바끼리는 외부 기업과 마찬가지로 엄격한 가격을 정해 거래한다. 아메바별로 매월 매출과 비용 등 영업손익이 계산된다. 이를 아메바 소속원의 노동 시간으로 나눠 '시간당 채산성'까지 뽑는다.

각 아메바는 다른 아메바(공정)에 자신의 상품이나 서비스를 판매한다. 이를 통해 각각의 아메바(공정)는 하나의 중소기업처럼 매출을 최대화하고 비용을 최소화하기 위해 노력하게 된다. 여러 아메바가 회의실에 모여 회의를 할 땐 회의실 조명비를 참석 인원 수에 따라 분담하기도 했다. 지독한 비용 마인드다. 그러다 보니 각 아메바가 매출은 최대로 올리고 비용은 최소로 억제하기 위해 노력한다. 이 과정에서 직원들 한 명 한 명이 경영자 의식을 가진다는 게 아메바 경영의 큰 장점이다.

아메바 경영은 정해진 시간을 일하면 정해진 보수를 받는다는 직원들의 마인드를 완전히 바꾸어놓았다. 아메바 조직이 보수를 더 받기 위해서는 적극적으로 경영하고 일해야 하기 때문이다. 또 다른 장점은 비용과 수익 개념에 철두철미한 경영자를 양성할 수 있다는 점이다. 아메바 경영은 회계의 원가개념을 사용하지 않는다. 대신 제품의 시장가격이 기준이 된다. 시장가격이 각 아메바에 직접 전해지고, 사내 매출가격을 바탕으로 생산 활동이 이뤄지는 것이다.

교세라 회계학, 현금흐름을 장악하라

아메바끼리의 내부 거래는 외부 기업과의 거래처럼 처리된다. 아메바의 회계에는 감가상각비도 포함되는 등 회사경영에 가까운 업무형태가 이뤄지고 있다. 이 때문에 아메바 멤버들은 어떻게 하면 비용을 절감하고 이익을 올릴 수 있을까를 고민한다. 아메바 경영을 하는데 꼭 필요한 게 바로 이나모리 회장의 독특한 관리 회계제도다.

'교세라 회계학'이라고 불리는 부문별 채산 관리체제다. 수입과 지출의 최소 항목까지 일목요연하게 기록한 회계장부를 통해 누구나 경영을 투명하게 확인할 수 있고 경영 상황을 판단해 어떤 조치를 취해야 할지 알 수 있게 만들어놓은 것이다.

교세라 회계학의 특징은 바로 '현금흐름 회계'다. 현금흐름 회계는 회계 상의 이익이 아닌 얼마만큼의 현금이 수중에 남았는지를 중시한다. 회계 이익이 아무리 높더라도 재고정리 자산이 증가하거나 설비투자를 억제하게 되면 의미가 없다. 최근 들어 많은 기업에서 미국식 현금흐름 회계를 도입하고 있지만 교세라는 창업 시절부터 이것을 활용했다.

교세라 직원들은 모두 이런 회계원칙을 기록한 '교세라 회계학' 수첩을 하나씩 갖고 있다. 교세라 회계학 수첩은 상품 원가, 제조 원가, 매출 원가 정보를 제공하는 재무회계뿐만 아니라 기업 활동에 참여하고 있는 모든 구성원이 알아야 하는 회계 관련 정보를 담고 있다.

회계학 수첩은 회계에 관한 한 아마추어인 이나모리가 기존 방식에 대해 고민하고 문제점을 해결하기 위해 노력한 것들을 소박하게 정리해놓은 데서 시작됐다. 기술자 출신으로 창업 초기 영업이나 경리 분야에서 의사결정을 하는 데 어려움을 겪었던 이나모리가 회계를 제대로 알고 문제를 해결하자는 취지에서 도입한 것이다.

교세라는 이나모리가 개인 투자자에게 빌린 차입금으로 설립됐다. 은행 대출이나 모기업으로부터 지원을 기대하기 힘든 벤처기업이 그 시작이었다. 때문에 빚을 갚기 위해서는 당연히 현금을 소중하게 여

길 수밖에 없었다.

　현금흐름을 중시하는 전통이 계속 유지돼 현재는 교세라 경영의 핵심으로 정착되어 있다. 현금흐름 회계는 이나모리가 회계에 관한 선입관을 갖고 있지 않았기 때문에 가능했다. 기본에 따른다는 경영의 원칙을 지켰기 때문에 교세라식 회계학이 나올 수 있었던 것이다. 결국 현금흐름을 중시하는 회계 방식은 교세라에 있어서 생존 수단이었다.

경리사원제, 정보를 장악하라

마쓰시타 고노스케의 조직 관리의 특징은 '맡기면서도 맡기지 않는다'는 것이다. 그는 1935년 5월 일본 경영사상 획기적인 조직체제로 평가받고 있는 '사업부제'를 도입했다. 사업부제는 독립채산제로 운영됐다. 연구개발에서 제조, 판매, 선전에 이르기까지 모든 것을 사업부별로 진행한 것이다.

　사업부제를 도입한 배경은 2가지였다. 하나는 마쓰시타가 건강하지 못했기에 사업부제를 통해 자신을 대신해 일할 수 있는 인재를 키우려 했기 때문이다. 또 다른 이유는 리더가 되고 싶은 욕구를 충족시켜주기 위해서였다. 하지만 그는 사업부문장에게 경영을 완전히 맡기지는 않았다. 최종적인 결정은 마쓰시타가 했다. 각 사업부에서 신제품을 개발하면 반드시 마쓰시타에게 가져왔다. 그는 신제품을 보고 난 뒤 그 제품이 시장에서 잘 팔릴지 그렇지 않을지를 판단했다.

그는 '판매의 왕'이라고 불릴 정도로 제품이 나올 때 팔릴지 아닐지를 잘 예견했다. 그가 "이건 팔리겠군"이라고 한 제품은 거의 히트 상품이 됐다. 반대의 경우 대부분 창고에 쌓여 있었다. 그는 어떻게 이런 동물적인 감각을 갖게 됐을까. 그 비밀은 '경리사원제도'였다.

경리사원은 입사 때부터 별도로 채용하는 엘리트 집단이자, 고노스케의 직속 부대로 각 사업부나 자회사에 배치되었다. 사업 시책 입안은 어디까지나 사업부장이 했지만 그에 대한 거부권을 갖고 있었기 때문에 그 권한은 절대적이었다.

뛰어난 경영자는, '비밀 중의 비밀'은 외부(사원도 포함하여)에 말하지 않는 법이다. 독립된 조직으로 '사업부'를 만들었으면서도 그 안에 중앙집권적인 '경리사원'을 두었다. 맡긴 듯 맡기지 않았던 것이다. 고노스케의 경영수법에는 언제나 일종의 '비열함'이 감춰져 있다. 하지만 바로 그것이 경영이라는 것이다.
_기타 야스토시, 『동행이인』

경리사원제는 마쓰시타의 독특한 조직관리 방법이었다. 마쓰시타 본사에서는 사업부와 자회사에 경리사원을 파견했다. 그들은 마쓰시타의 친위대 역할을 했다. 자회사에 파견한 경리사원도 본사에서 뽑았다. 경리사원을 선발할 때 마쓰시타 고노스케는 반드시 면접을 봤다. 사업부 임원이나 자회사 사장도 경리사원을 다른 곳에 배치하거나 자를 수 없었다. 경리사원의 인사권은 마쓰시타에게만 있었다.

경리사원은 경영에 관한 결재권을 갖고 있지는 않지만, 사업부 부서장과 자회사 사장의 결정에 대한 거부권을 갖고 있었다. 게다가 경리사원들은 자신이 속한 조직에 대한 온갖 정보를 마쓰시타 고노스케에게 직접 보고했다. 때문에 사업부 임원이나 자회사 사장은 경리사원을 신경 쓰지 않을 수 없었다.

예를 들어 각 사업부나 자회사가 새로운 제품을 개발하거나 대규모 투자를 할 때 부서장이 기획서를 갖고 마쓰시타에게 보고를 하러 가면, 이미 그는 내용을 속속들이 알고 있었다. 경리사원들에게 직보를 받아 그 사안에 대한 정보를 갖고 있었다.

이 때문에 그는 제품이 팔릴지 안 팔릴지, 투자를 해야 할지 하지 말아야 할지에 대해 풍부한 정보를 갖고 객관적인 결정을 할 수 있었다. 지금은 경리사원제가 폐지됐지만 한창때는 경리사원이 5천 명을 넘길 정도로 많았다. 회장으로 물러난 뒤에도 경리사원들의 직보를 받았기 때문에 회사 사장이나 임원보다 더 많은 정보를 갖고 있었다.

그는 사업부제를 처음 도입해 사업부 부서장에게 권한을 일임했지만, 경리사원제를 운영해 부서장의 독선을 막았다. 경리사원들이 그룹 본사와 현장 간 소통 역할을 한 셈이다. 또 제조나 판매 등의 업무는 사업부제에 위임했지만 재무와 인사는 그룹 본사에서 관리했다. 일상적인 경영은 사업부나 자회사가 하도록 했지만 대규모 자금이 투입되는 전략적인 의사결정은 본사 차원에서 진행하도록 한 것이다.

마쓰시타전기는 '관리'의 조직이었다. 그 첨병에는 경리사원이 있었다. 그가 제품에 관해 정확한 판단을 내리는 데는 경리사원의 정보력이 큰 역할을 한 것이다.

보신부, 대리점 정보조차 장악하다

정보를 확보하기 위해 마쓰시타는 또 다른 조직을 만들었다. 이른바 '보신부'였다. 보신부는 대리점 사장을 관리하는 부서였다. 이 부서에는 어느 대리점 사장이 판매 능력은 우수하지만 여자문제가 복잡하다거나 도박을 좋아한다는 등의 정보가 파일로 보관돼 있었다. 판매를 맡고 있는 부서에 후임자가 오면 이 파일을 통해 대리점 사장의 성향과 능력을 평가했다. 라이벌 업체와의 치열한 경쟁을 위해 만든 것이었지만, 대리점 사장의 프라이버시를 훼손하는 문제점도 제기되곤 했다.

마쓰시타는 이런 제도를 운영하면서 막대한 정보를 확보할 수 있었고, 이를 통해 최종적인 의사결정을 내릴 수 있었다. 어떻게 보면 참으로 냉정해 보일 수 있으나, 경영자로선 정확한 판단을 내리기 위한 어쩔 수 없는 결정이었다는 두둔도 받는다.

마쓰시타 고노스케를 사상가로 추앙하는 사람이 많다. 하지만 그는 사상가이기 전에 경영자였다. 그의 경영에는 언제나 일종의 비인간적인 것들이 감춰져 있었다. 경영은 철학으로만 되는 게 아니기 때문이다. 그게 바로 경영이다.

혼다, 도전과 창의는 후발주자 역량

"애사심 따위는 필요 없다. 자기 자신을 위해 일하라!"

혼다 소이치로는 자주 이런 말을 했다. CEO가 해야 할 말이 아닌 것 같지만, 곰곰이 씹어보면 숨어 있는 뜻을 읽을 수 있다. 이 말은 기존 개념이나 테두리에 사로잡히지 않고 자유롭게 행동하는 인재를 육성하겠다는 의미이다. 회사가 직원을 관리하는 것은 있을 수 없다는 뜻이기도 하다.

이유가 있었다. 혼다는 오토바이 시장에 진출했을 때도 후발주자였고, 자동차 사업도 가장 늦게 시작했다. 도요타와 닛산 같이 자동차 시장에 먼저 자리 잡고 있는 회사와 맞서려면 자유롭고 개성 있는 인재를 육성해야만 했다. 기존 관념에 구애받지 않는 참신한 발상과 실패를 두려워하지 않는 도전정신을 가져야만 후발주자가 선발주자를 따라잡을 수 있었기 때문이다.

혼다는 가장 크게 실패한 임직원에게 '올해의 실패왕'이라는 상을 줄 정도로 도전을 장려하고 실패를 받아들였다. 실패한 프로젝트에 대해 책임을 묻기보다 그 원인을 찾아낸 사원에게 오히려 상을 주고 사기를 높인 것이다.

이에 힘입어 혼다는 자동차 엔진 분야에서 세계 제1의 기술을 가질 수 있었다. 무조건 부하직원들을 독려하고 실패를 인정하겠다고 나선 것은 분명 발상의 전환이었다. 경영자의 역발상은 상사에 대한 믿음을 키웠고 아울러 새로운 도전에 대해 자신감을 가지게 했음은 물론이다.

혼다는 학력 차별이 없는 회사로도 유명하다. 일본의 빅3인 도요타, 닛산, 혼다의 도쿄대 출신 임원 수를 비교해보면 도요타가 39퍼센트, 닛산 60퍼센트, 혼다는 10퍼센트 안팎이다. 후발주자였던 혼다에 일본 최고 명문대 출신들이 입사하기를 꺼렸기 때문이다. 그러나 혼다 소이치로는 이를 개의치 않았다. 오히려 그는 학벌에 관계없이 능력 있는 사람을 중용했다. 혼다 임원 가운데는 고등학교 졸업자가 항상 한두 명씩 있었다.

혼다 소이치로는 초등학교밖에 다니지 않았다. 학교 공부를 아주 싫어했다. 대신 기계를 만드는 일에 몰입했고 새로운 아이디어도 많이 냈다. 혼다는 우등생과는 정반대였지만 뛰어난 CEO로 자리매김했다. 그는 자신과 같은 사람이 대기업에서 능력을 발휘하기 힘들다는 것을 잘 알고 있었다. 자신과 같은 독특한 인재가 충분히 실력을 발휘하는 회사, 개성 있는 인재가 모인 독창적인 회사로 만들려고 했다.

"변화하지 않으면 진보 따위는 없다. 개인에게나 회사에게나 마찬가지다." 그가 즐겨 했던 말이다.

혼다는 자신의 경험과 거기서 나오는 육감의 중요성을 사원들에게 강조했다. 생산 현장에서 그는 '바카야로(바보 같은 놈)'라고 소리를 지르며 주먹을 휘두르고, 그러다 성질을 못 이겨 주변에 있는 스패너와 해머까지 내던지기도 했다. 그런 난폭한 교육을 받으면서 견뎌낸 사람만이 일을 배울 수가 있었다.

다혈질인 성격 탓도 있었지만, 그는 철저한 기술자였다. 그런 만큼 기계에 대한 열정에서 비롯된 행동이었다. 현장에서 일어나는 복합

적인 문제에 대처하는 방법이었다. 그의 앞모습은 무서운 사장님 그
자체였지만, 그의 뒷모습은 경의를 표하지 않을 수 없는 열정의 기술
자였다. 직원들에게 버럭 화를 내다가도, 기술개발에 착수하면 며칠
씩 밤낮을 가리지 않고 연구소에 틀어박혀 일에 몰두했다.

마쓰시타, 조직에 적합한 인재 선발

혼다 소이치로가 자유로운 개성을 가진 인재를 찾았다면, 마쓰시타
고노스케는 철저하게 조직에 적합한 인재를 선별했다.

"머리가 좋은 사람은 회사를 말아먹고 국가를 망치게 하니, 머리가
좋은 사람은 마쓰시타에 들어올 수 없다."

마쓰시타 고노스케가 자주 한 말이다. 머리가 좋은 사람을 뽑지 않
겠다는 식으로 받아들이면 곤란하다. 자신이 머리가 좋다고 생각하
는 사원은 발전할 수 없다는 말이다. 자기 머리만 믿고 다른 사람의
의견에 귀 기울이지 않는 사람은 조직에 도움이 되기는커녕 조직 통
합에 나쁜 영향만 끼친다는 점을 강조한 말이다. 자신이 똑똑하다는

엘리트 의식을 삼가야 한다는 것을 에둘러 표현한 것이다.

실제로 마쓰시타가 회사를 세운 초기에 대졸자가 마쓰시타에 입사했다. 당시만 해도 마쓰시타는 오사카에 있는 조그마한 중소기업에 지나지 않았다. 마쓰시타로선 그 대졸자가 인재 중의 인재였다. 그러나 그는 그 신입사원을 주방 담당자로 배속해버렸다.

보통 사람 같으면 자신을 제대로 인정해주지 않는 것에 반발해 회사를 그만두었을 것이다. 하지만 그 신입사원은 몸에 생선냄새가 밸 정도로 열심히 일했다. 1년 뒤 그는 입사 동기를 따돌리고 핵심 부서로 발령이 났다. 마쓰시타는 묵묵히 일하는 신입사원을 지켜봤고 조직에 맞는 인재로 키운 것이다.

그는 은퇴 직전까지 신입사원 면접을 직접 한 것으로 유명하다. 그는 신입사원 면접 때 반드시 이런 질문을 했다.

"당신의 인생은 지금까지 운이 좋았다고 생각합니까?"

"아니요, 운이 좋았다고는 생각하지 않습니다"라고 말한 사람들은 채용되지 않았다. 반면 "운이 좋았습니다"라고 대답한 사람은 채용됐다.

마쓰시타는 우수한 것보다 운을 더 중요시했다. 그 이유는 무엇일까? 그 해답은 바로 "나는 운이 좋습니다"라고 자기 입으로 말할 수 있는 사람의 마음가짐에 있다. 이렇게 말하는 사람의 마음가짐에는 "내 힘만으로 된 것이 아니야"라고 주변에 감사하는 마음이 반드시 있다는 것이다.

마쓰시타 고노스케는 감사하는 마음이 있는 사람은 당장은 우수하게 보이지 않아도 반드시 좋은 인재로 성장할 수 있는 가능성이 있다고 본 것이다.

면접 자리에서 "운이 좋았다"고 대답한 사람들이 채용이 돼 부서장으로 승진했을 때 마쓰시타전기는 황금기에 돌입했다. 그는 직원들을 상대로 자주 강연을 했다. 강연을 마칠 때 그는 "질문은 없나?"라고 묻곤 했다.

그럴 때마다 손을 들어 질문한 사원은 승진이 되곤 했다. 질문한 사원을 승진시킨다는 소문이 사내에 번지기까지 했다. 임원들은 헛소문이라고 생각했다. 마침 한 임원이 그런 소문이 있다며 마쓰시타에게 물어본 적이 있었다. 그의 대답은 이러했다.

"나는 바쁜 사람이야. 바쁜 내가 직원에게 시간을 공짜로 내주는 것이 아닌가. 이때가 아니면 사원이 최고경영자와 얘기할 기회를 잡을 수 있겠나. 그런 기회를 잘 활용하는 사람이 회사일도 잘하는 거지. 손을 들어 질문하는 사람은 문제의식이 있는 사람이라고 볼 수 있지. 게다가 손을 든다는 건 용기가 필요한 행동이야. 실행력이 따라주지 않는 사람은 그렇게 할 수가 없어. 손을 들어 질문하는 사람을 눈여겨보고 활용해야 하지 않겠나."

"마쓰시타는 제품을 만들기보다는 인간을 만드는 회사다."

마쓰시타 고노스케가 즐겨 쓰던 말이다. 고객이 "마쓰시타전기는 무엇을 만드는 회사입니까?"라고 물으면 "마쓰시타전기는 인간을 만드는 회사입니다만, 아울러 전기제품도 만듭니다"라고 답하도록 사원들을 가르쳤다.

그는 '기업이윤의 원천은 인간'이라는 신념을 금과옥조로 여겼다. 이 말은 공염불에 그치지 않고 철저한 전통으로 계승되고 있다.

이나모리 가즈오, 완벽을 기하라

이나모리 가즈오는 자신의 인재관에 대해 너무나 명쾌한 해답을 내놓는다. 그의 인재관은 일과 사람, 조직, 리더십, 경영, 성공의 본질, 의미가 비교적 명확하다. 인재란 '가치관' '태도' '능력'에 따라 달라지며, 이들 3가지의 '합'이 아니라 '곱'으로 결정되는 3차함수라는 것이다. 능력은 타고나는 것이지만 열의는 자신의 의지로 얼마든지 품을 수 있고, 태도가 바뀌면 인생 결과도 달라진다는 방정식이다.

뛰어난 인재가 되기 위해서는 가치관이 건전해야 하며, 태도도 반듯해야 하고, 능력도 뛰어나야 한다는 것이다. 이 3가지 가운데 어느 하나라도 모자라면 다른 2가지가 아무리 뛰어나도 인재라고 평가받기 어렵다는 얘기다.

이나모리 가즈오의 이러한 인재관은 너무 까다로워서 현실적이지 못해 보일 수도 있다. 그러나 실제 기업들이 중요한 업무를 맡을 사람을 결정하거나 임원 승진 대상자를 검토할 경우, 체계적이지는 않더라도 대체로 이러한 요건을 모두 고려하고 있다.

대기업은 임원 승진 대상자를 검토할 경우, 과거 고과 결과와 경력 등 능력을 고려해 후보자를 선정한 다음 주변 사람들을 통해 일에 대한 태도를 파악하고, 마지막으로 대상자의 세상과 삶에 대한 가치관을 체크한다.

어느 하나라도 부족할 경우 임원으로 승진하기가 곤란하며, 간혹 승진했다 하더라도 지속적인 모니터링 과정에서 걸러진다. 따라서 평범한 사람과 1등 인재의 차이는 가치관과 태도, 능력 면에서 모두 균형을 갖춘 사람이 되느냐, 그렇지 못하느냐에 달려 있다고 할 수 있다.

그렇다면 가치관과 태도, 능력 면에서 완벽한 1등 인재가 되기 위해 구체적으로 어떤 노력을 해야 할까.

첫째, '좋아하는 일을 할 수 없다면 하는 일을 좋아하라'는 것이다. 직장 생활이나 사업을 할 때 자신이 하고 싶은 일을 하는 행운을 가진 사람은 많지 않다. 이나모리 역시 대학을 졸업하고 간신히 회사에 취직하지만 상황이 열악해 회사를 그만두려 했다. 하지만 사정이 여의치 않아 회사에 남게 된다.

그때 그는 어차피 일을 할 바엔 회사에 정을 붙이고 열심히 해보자며 팔을 걷어붙였다. 회사에서 숙식까지 해가며 새로운 소재 개발에 전념한 끝에 많은 실적을 내게 된다. 이 경험을 통해 회사 업무가 자기가 하고 싶은 일은 아니지만 다른 대안이 없다면 열심히 해서 성공으로 이끌면 된다는 자각을 얻게 된다.

둘째, 주인의식을 가지는 것이다. 이나모리는 "자신의 에너지를 활활 타오르게 하는 자발성을 지닌 사람, 자신의 에너지를 다른 사람에게도 줄 수 있는 사람, 마음속에 고결한 대의를 지니고 이를 키워나가는 사람"이 회사를 이끌어갈 만한 사람이라고 말하곤 했다. 결국 열정, 끈기, 인간됨 같은 것이 인재가 되는 주요 요소이고, 그것이 업무 능력과 결합할 때 탁월함이 발휘된다.

셋째, 완벽을 기하는 것이다. 이나모리는 일과 제조에 관한 한 완벽을 추구했다. "너무 뛰어나고 너무 완벽해서 손을 대면 베일 것 같은 착각에 빠질 만큼 흠잡을 데 없는 완전무결한 제품을 만들라는 것이다. '손이 베일 정도'라는 표현은 어린 시절 그의 부모가 자주 쓰시던 말이었다. 정말 완벽한 제품을 보았을 때, 사람들은 거기에 손대기도 주저할 정도로 동경한다."

5장

전략의 법칙은
시대를 초월한다

마 고
쓰 노
시 스
타 케

"인간이 태어나서 죽는다는 하나의 사상은

인간이 생성, 발전하는 모습입니다.

생이 발전하면 죽음 또한 발전합니다.

태어난 자를 위해 축배를, 죽을 자를 위해 축배를."

경영의 신,
인간으로 세상을 떠나다

1960년대 마쓰시타 고노스케는 '댐 경영론'을 주창했다. 경기가 좋을 때 안주해서는 안 되며 경기가 나쁠 때를 예상해 경영해야 한다는 내용이었다. '자금의 댐' 뿐만 아니라 '재고의 댐' '설비의 댐' '인재의 댐' '기술의 댐'도 필요하다는 것이 그의 주장이었다. 마침 1965년 교토에서 마쓰시타의 댐 경영을 주제로 한 강연회가 열렸다. 강연장은 비집고 들어갈 틈이 없을 정도로 사람들로 가득 찼다. '경영의 신'이 하는 강연에서 무언가를 배우려고 온 사람들이 대부분이었다.

마쓰시타는 여느 때처럼 댐 경연을 주창했다. 강연장 맨 뒷자리에 서서 듣고 있는 한 젊은이와 눈이 마주쳤다. 열정이 묻어나는 눈망울이었다. 강연이 끝나자 질의응답 시간이 왔다. 한 사람이 손을 번쩍 들고 질문을 했다.

"댐 경영이 얼마나 중요한지 잘 알았습니다. 하지만 중소기업 경영자들은 말씀하신 것처럼 하지 못하기 때문에 힘들어합니다. 어떻게 해야 훗날을 대비한 경영을 할 수 있는지 구체적으로 말씀해주시겠습니까?"

구체적으로 말해달라는 날카로운 질문이었다. 강연장에 있던 사람들은 경영의 신이 어떤 얘기를 할지 숨을 죽이고 기다렸다. 마쓰시타는 이렇게 대답했다.

"그건 생각만큼 어렵지 않습니다. 무엇보다 여유를 가져야 합니다."

너무나 당연한 대답에 강연장에 있던 사람들은 모두 실망스러워했다. 여기저기서 웅성거리는 소리가 들렸다. '경영의 신이라는 사람이 너무 무책임하게 말한다'라는 비판도 들렸다.

그러나 이 말에 소름이 돋는 듯한 감동을 느낀 사람이 있었다. 강연장 맨 뒷자리에 앉은 젊은 청년, 이나모리 가즈오였다.

지속가능성을 고려한 후계자 선정

1973년 7월, 80살이 되면서 마쓰시타는 회장 자리마저 다카하시 아라타로에게 물려주고 자신은 고문으로 물러났다. 고문이 된 것을 계기로 대외 활동이 더욱 활발해졌고, 주간지 등에 많은 글을 실었다. 그의 직함은 고문이었지만 그는 여전히 경영에서도 영향력을 행사하고 있었다. 마쓰시타 본사 건물 2층에 있는 고문실로 이어지는 복도는 '마쓰(소나무)의 복도'로 불렸는데, '경영의 신'의 조언을 들으러 오는 사람들로 언제나 붐볐다.

마쓰시타의 경영권 승계는 전격적이면서 충격적이었다. 그에게는 자식이라곤 딸 하나밖에 없었다. 딸이 결혼할 나이가 되자 그는 딸의 배우자를 찾는 데 엄청난 공을 들였다. 아들이 없는 경우 사위가 양자가 돼 가업을 계승하는 전통 때문이었다.

마쓰시타는 귀족 집안을 중심으로 배우자를 찾던 중 마침내 히라타 백작 가문의 차남 마사하루를 선택하게 된다. 그는 도쿄대학 법학부 출신의 엘리트였다. 두 집안의 혼담이 오가자 일본 천황을 보좌하는 기관인 궁내청에서 마쓰시타 가계를 뒷조사했다고 한다. 히라타 백작이 천황가의 일원이었기 때문이다. 결혼식은 성대하게 치러졌고 피로연은 도쿄와 오사카 두 군데서 열렸다.

마쓰시타는 마사하루가 경력을 쌓아갈 수 있도록 상당히 배려했다. 최초 임원 승진 때는 경영책임을 지지 않는 감사역을 주고 이사회에 참석시켰다. 만약 후계 문제를 생각하지 않았더라면 밑바닥 영업부터 단련시켰을 것이다. 물론 마사하루 역시 영업과는 거리가 멀었다. 이를 간파한 마쓰시타의 배려가 은연중에 작용했다고 할 수 있다. 그러나 자수성가한 마쓰시타로선 풍족한 집안에서 어려운 일을 겪지 않고 성장한 마사하루가 미덥지 못했다. 마사하루도 그걸 모를 리 없었다. 마사하루는 거래선 사장과 골프를 나가면 즐겁게 골프를 마치고 나서 우울한 표정을 지으며 "지금부터 나는 가면을 쓴다"라고 자주 말했다.

아타미 회담이 끝난 뒤 마쓰시타가 '영업본부장'으로 경영일선에 복귀한 것도 마사하루의 경영 능력에 대한 불신을 의미하는 것이기도 했다. 사내에 둘 사이의 불화설이 나돌기도 했다. 마사하루가 자신이 엘리트임을 과시한다는 얘기가 사내에서 계속 나돌았다. 그러나 마쓰시타는 딸을 의식하지 않을 수 없었다. 마사하루를 사장 자리에서 해임할 수는 없는 일이었다.

물론 마사하루 역시 마음고생이 심했다. 사위로 선택받은 순간부터 마쓰시타에게 늘 야단을 맞았고, 주위 사람들에게 역량 부족이라는 비판을 들었다. 마사하루의 비교 대상은 늘 마쓰시타였기에, 그는 '경영의 신'에 도전할 생각을 가질 수 없었다. 마사하루의 사장 재임은 16년 동안이나 계속됐다. 그러나 뛰어난 경영자는 기업과 가족 문제를 분리한다. 경영 능력이 뛰어나지 못한 사람에게 기업을 맡기면 그 기업의 지속 가능성을 보장할 수 없기 때문이다.

1971년 1월 일본 열도를 경악시킨 기자회견이 오사카 전기회관에서 열렸다. 마쓰시타 마사하루 사장은 여느 때처럼 결산 보고를 끝냈다. 그리고 놀라운 발표를 한다. "다카하시 아라타로 회장님의 은퇴를 맞아 제가 회장이 되고 새로운 사장으로 야마시다 도시히코 이사가 임명됐습니다."

순간 기자회견장에 모인 기자들 사이에 소동이 일어났다.

"도대체 야마시다가 누구야?"

전문경영인을 CEO로 선정하다

야마시다 자신도 일주일 전 마쓰시타 방에 불려가 통보를 받고 깜짝 놀라 의자에서 굴러 떨어질 뻔했다고 한다. 쉴 새 없이 쏟아지는 기자들의 질문에 짜증이 난 야마시다의 입에서 느닷없이 "나를 선택한 쪽에도 책임은 있다"라는 말이 튀어 나왔다. 아차, 싶었지만 엎질러진 물이었다. 다음날 신문은 이 말을 크게 보도했는데, 야마시타의 솔직한 심정이었다.

야마시다는 마쓰시타전기의 26명 임원 가운데 서열이 끝에서 두 번째였다. 나이도 다섯 번째로 어린 57살이었다.

언론은 매일 마쓰시타전기의 경영권 승계에 지면을 할애했다.

야마시다의 학력은 고졸이었다. 그는 고교 졸업 뒤 18살의 나이로 마쓰시타전기에 입사해 1950년대 네덜란드 현지 공장장, 1962년 마쓰시타의 자회사인 웨스트전기 상무이사, 1965년 에어컨 사업부장을 지냈다. 웨스트전기는 끊임없는 노사대립으로 그룹 내에서도 골치 아픈 회사였는데 야마시다는 부임하자마자 노사대립을 종식시키는 능력을 발휘했다. 요즘에야 학력과 서열 파괴 인사는 새로운 것이 되지 못한다. 하지만 당시만 해도 연공서열이 무엇보다 중요했다. 이런 사회적 환경에서 노년의 마쓰시타는 학력과 서열을 파괴한 인사를 단행한 것이다. 마쓰시타의 속내는 마쓰시타전기에 일대 개혁이 필요하다는 것이었다.

당시 마쓰시타전기는 정체에 빠져 있었다. 상당수 임원은 그 원인을 가전제품의 보급이 포화 상태에 이르러 어쩔 수 없는 상황이라고 여겼다. 그러나 마쓰시타는 시장보다 매너리즘에 빠진 조직에 문제가 있다고 보았다. 그래서 해결사로서 야마시다를 중용한 것이다. 마쓰시타는 이 인사를 '21세기형 경영의 첫걸음'이라며 자랑스러워했다.

야마시다는 마쓰시타의 기대에 부응이라도 하듯 취임하자 곧바로 개혁을 단행했다. 성역처럼 여겨지던 사업부문에 대대적인 인사이동을 실시했고, 고령화된 간부 사원의 퇴직을 촉구했다. 임원에게 회사의 현실을 직시할 것을 경고하는 한편 부사장제 폐지, 사업부 간 인사 교류, 해외 생산 확대 등의 계획을 밀어붙였다. 마쓰시타에게 불만이 가득 찬 소리가 들려왔으나, 그럴 때마다 마쓰시타는 야마시다를 불러 칭찬하면서 개의치 말고 개혁을 추진하라고 독려했다. 1986년 사장 자리에서 물러날 때까지 야마시다는 무려 10년을 사장으로 일했다. 그 뒤 마쓰시타전기의 경영권은 전문경영인이 계승하고 있다.

VHS의 손을 들어주다

1974년 9월 소니와 빅터는 세계 비디오 시장을 판가름하게 될 경쟁을 벌였다. 가정용 비디오 기술방식을 둘러싼 규격전쟁이 벌어진 것이다. 소니는 베타맥스 방식의 비디오 기술을 선보였고, 빅터는 VHS 방식의 비디오 기술을 내놓았다. 두 회사가 자신들이 개발한 제품을 놓고 치열한 신경전을 벌이자, 관심은 마쓰시타로 모아졌다. 마쓰시타가 어느 쪽 손을 들어주느냐에 따라 시장 판도가 바뀔 것이란 전망 때문이었다.

소니는 마쓰시타를 직접 공장으로 초대해 비디오 기술을 시연해 보였다. 공장을 둘러보고 온 마쓰시타는 회사 직원들에게 "베타맥스는 100점일세"라고 말했다. 모두들 마쓰시타 고노스케가 소니의 손을 들어줄 것으로 예상했다. 하지만 이 말이 끝이 아니었다. 마쓰시타는 한마디 더 이어갔다.

"VHS는 200점이야."

결국 마쓰시타전기는 일본빅터의 손을 들어줬다. 이는 마쓰시타의 생각에 따른 결단이었다. 당시 소니의 베타방식은 화질도 좋고 카세트가 작다는 장점이 있어서 마쓰시타 관계자들도 소니가 이길 것으로 보았다.

하지만 마쓰시타 고노스케의 생각은 달랐다. 이유는 두 가지였다. 하나는 소니의 베타맥스는 녹화 시간이 1시간이지만, 일본빅터의 VHS는 2시간이라는 점이다. 또 하나는 소니제품은 20킬로그램으로 일본빅터의 13킬로그램에 비해 7킬로그램이나 무겁다는 것이 이유였다. "고객이 제품을 바로 집으로 가져갈 수 있는 것과 그렇지 않은 것은 매출이 10배가 차이가 난다"는 것이 마쓰시타의 생각이었다.

이렇게 해서 1977년 마쓰시타는 VHS 진영에 가담하겠다는 내용을 발표했다. 그러자 소니 이외 다수 일본 기업이 마쓰시타전기와 일본빅터 진영의 VHS 규격에 몰려들었고 결국 VHS 방식이 세계 규격이 됨으로써 마쓰시타전기는 소니와의 전쟁에서 승리자가 됐다.

정치개혁을 위해 정경숙을 설립하다

만년의 마쓰시타 고노스케가 관심을 쏟은 것은 정치였다. 1973년 1

차 석유파동, 이듬해 록히드 사건 등으로 사회가 불안했지만 정치인들은 아무런 대응을 하지 못했다. 마쓰시타는 일본 정치인이 국민에게 존경받지 못하고 있다는 사실에서 위기감을 느끼고 있었다.

'국민들이 존경하고 신뢰할 수 있는 정치인을 만들어내자.'

이런 생각을 갖고 1979년 6월 마쓰시타 정경숙(정경학원)을 설립했다. 설립 목적은 정치와 행정 분야의 리더 양성에 있었다. 대학과는 무관한 재단법인으로 전임 교수진은 없고 관리자와 비상근 강사로 구성돼 있다. 그는 스스로 이사장 겸 원장으로 취임했다.

정경숙은 대졸 학력자를 대상으로 본과 2년과 상급 정치전공 3년의 교과과정으로 짜여 있다. 강의실에서 배우는 교육 방식에서 탈피해 연구 계획 설정, 독학, 초빙교수 강의, 토론식이 중심이다.

비전을 가진 정치인의 등장, 그것이 마쓰시타의 염원이었지만 단기간에는 무리가 있음을 느끼고 장기적으로 교육에 투자해 훌륭한 정치인을 배출하려고 한 것이다. 이런 배경에서 태어난 정경숙이었기에 졸업생 중 다수가 국회의원이 됐다. 하지만 집권 자민당 소속 의원은 소수이고 거의가 야당 국회의원으로 정계에 진출했다.

교육 방식에 대한 새로운 시도가 이루어지고 있는 오늘날의 현실에서 볼 때, 교육기관으로서 새로운 모델을 제시했다는 점은 평가받을 만하다. 또 자민당 일변도의 구태의연한 정치에 염증을 느끼는 국민의 입장에서는 새로운 정치를 여는 돌파구로 충분히 존재가치가 있었을 것이다.

마쓰시타는 만년의 27년 동안 PHP연구소에 출퇴근하다시피 했다. PHP에서 활동하는 동안 마쓰시타는 인간과 사회, 국가에 대한 그의 생각을 기회 있을 때마다 이야기했다.

마쓰시타는 책을 많이 출간한 것으로 유명하다. 생전에 모두 46권을 저술했는데 대부분 분량이 적은 소책자이기는 하지만 권수로는 경이적이다. 대개 마쓰시타가 구술하면 이를 PHP 저술 담당자가 정리하는 식으로 출판 작업이 이루어졌다.

청춘의 삶을 살다 가다

1989년 4월 27일 마쓰시타 고노스케는 아내 무메노와 사위 마사하루 등 친척이 지켜보는 가운데 생애를 마감했다. 향년 96세. 그의 죽음과 함께 일본의 고도성장과 대량생산, 대량소비 시대도 막을 내렸다. 버블의 붕괴는 그것을 상징하는 사건이기도 했다. 그는 생전에 이렇게 말하곤 했다.

"인간이 태어나서 죽는다는 하나의 사상은 인간이 생성, 발전하는 모습입니다. 생이 발전하면 죽음 또한 발전합니다. 태어난 자를 위해 축배를, 죽을 자를 위해 축배를."

생전에 '경영의 신'이라고 불리던 그는 인간으로 숨을 거두었다. 이제 마쓰시타라는 이름은 회사 이름에서조차 사라지고 없다. 하지만 그는 여전히 신의 자리를 차지하고 있다. 그의 저서는 여전히 베스트셀러 목록에 올라 있다. 그의 독자 가운데는 중소기업 경영자가 많다. 마쓰시타 고노스케는 주어진 환경에 순응하는 데 그치지 않고 극복하려는 용기와 신념을 지닌 인물이었다. 기업가는 자신이 가진 역량과 인적 자원, 주위 환경을 정확히 직시해야 한다는 점을 알려주며 그는 멀리 떠났다.

마쓰시타는 미국 시인 새뮤얼 울만의 '청춘(Youth)'이란 시를 참 좋아했다. 그는 이 시를 짧게 간추려 '마쓰시타 고노스케의 청춘의 말'로 정리했다. 이 글을 붓글씨로 써서 각 대리점에 나눠줬을 정도였다. 이 말을 되뇔 때마다 그는 동심으로 돌아간 것 같은 흐뭇한 표정을 지었다. 육체는 늙고 있지만 정신적인 젊음은 평생 유지한 것이다.

청춘이란 마음의 젊음이다.
신념과 희망에 넘치고 용기로 가득해서
나날이 새로운 활동을 계속하는 한
청춘은 영원히
그 사람의 것이다.
_마쓰시타 고노스케, 『청춘의 말』

소이치로 혼다

일에만 몰두해 살다 사직하고 자유롭게 되고 보니

내가 어디서 왜 실패했는지 분명히 알게 됐다.

CEO의 품격을 지키며
하늘로 떠나다

혼다와 후지사와는 다양한 사회공헌 활동을 했다. '작행회'(作行會)는 1961년 두 사람이 개인 재산을 처분해 설립한 장학회다. 꿈나무 과학기술자를 지원하자는 취지로 운영되고 있다. 연간 1,735명의 연구자가 장학금 혜택을 받고 있다. 장학생에게는 3년 동안 장학금이 지급되고, 그 기간 동안 외국어 논문을 한 편씩만 쓰면 된다. 장학금 사용처는 제한이 없다. 두 사람은 '키다리 아저씨'의 모습으로 1983년 해산할 때까지 이름을 숨겼다. 그들은 은퇴 뒤 재단법인 '교통안전학회'도 설립했다.

　혼다 소이치로와 후지사와 다케오는 동시에 퇴임했지만, 그 뒤의 삶은 판이하게 달랐다. 혼다는 매일 아침이면 이전처럼 차를 운전하고 집을 나서 무심코 핸들을 혼다기술연구소 방향으로 돌렸다. 그러다 자신이 회사를 그만뒀다는 생각이 들어 핸들을 꺾어 기분 내키는 대로 드라이브를 하다가 돌아오곤 했다.

2년간의 감사 순례를 떠나다

혼다는 도쿄 긴자1가에 차린 혼다 사무소를 거점으로 새로운 활동에 착수했다. 그는 일이 없으면 단 하루도 견디기 힘들었다. 가장 먼저 시작한 일은 혼다의 전 사원과 악수를 나누는 것이었다. 혼다를 위해 일해준 사람들에게 감사의 말을 전하고 싶다고 생각해 전국의 공장과 판매점을 순회한다. 은퇴 일주일 뒤 그는 '감사 순례'의 길을 떠난 것이다.

국내 700여 곳을 도는 데 1년 반이 걸렸다. 혼다는 이 순례를 하면서 하루 400킬로미터를 달리는 일도 많았다. 그의 운전은 70살에 가까운 노인이라고는 보이지 않는다. 혼다는 그 여행을 통해 필사적으로 보람을 얻으려 했는지도 모른다.

그 뒤에는 해외 주재원들을 반년에 걸쳐 만났다. 비즈니스 영웅은 가는 곳마다 환영을 받았고 악수세례를 받았다. 2년이 걸려서야 겨우 머릿속에서 엔진 소리가 사라졌다.

혼다는 왜 그런 일을 하느냐는 물음에 "내가 좋아서다. 겨우 인간다운 일을 했다"고 말했다. 은퇴한 뒤의 일도 그에게는 새로운 도전이었다. 일에 대한 집착은 사라졌지만, 천성적인 호기심은 그칠 줄 몰랐다. 그의 도전정신은 조금도 쇠퇴하지 않았다. 행글라이더를 타 화제를 모으기도 하고, 평소 관심을 갖고 있던 UFO 자료를 모으기도 했다.

또 혼다가 추구하는 사회공헌, 해외 문화교류 같은 대외활동에 정력적으로 몰두했다. 이곳저곳 관공서나 단체에서 위원이나 임원 추대 의뢰가 날아들었고, 대외활동도 늘었다. 강연이나 대담 등 매스컴의 섭외도 쇄도했다. 1989년에는 미국의 자동차전당에 일본인으로서는 최초로 이름이 올랐다. 1990년에는 F1에 대한 공헌으로 FIA(국제자동차연맹)에서 영예상을 수상했다.

혼다에게 회고란 전혀 어울리지 않았다. 항상 뭔가에 도전하고 사는 것 자체가 곧 도전과 연결된다고 단언한 그였기 때문이다.

"경영을 젊은 사람들에게 맡긴 지 벌써 여러 해가 지났다. 그 뒤로는 사람을 만나고 여행을 한다고 스케줄이 꽉 차 있어 가만히 앉아 있을 틈이 없을 정도다. 지금은 설계도나 기계가 아니라 사람만 상대하고 있다. 그것도 연구소 시절처럼 사내 사람이 아니라 다양한 사람들과 만난다. 한 기업의 경영자로서가 아니라 평범한 자유인으로서 이야기를 나누는 것이다. 다양한 것을 배울 수 있어 하루하루가 신선하다."

은퇴한 뒤, 혼다는 제품을 만드는 현장과 무관한 생활을 했다. 그는 이렇게 회상했다. "일에만 몰두해 살다 사직하고 자유롭게 되고 보니 내가 어디서 왜 실패했는지 분명히 알게 됐다."

후지사와의 장례식

반면 후지사와는 은퇴 뒤 음악극이나 바그너 등 클래식 음악, 가족
과 단란한 시간을 즐겼으며 거의 외출을 하지 않았다. 기모노 차림
으로 본사를 방문하는 일도 있었지만, 대외 무대에 나서는 일은 없
었다. 후지사와는 유유자적하며 록본기 자택 인근에 개업한 아들의
고미술 상점에서 손님들과 만나 잡담을 하며 취미생활에 전념했다.
1979년 여름엔 길을 지나던 마쓰시타 고노스케가 가게에 들렀다.
후지사와와 마쓰시타는 별로 친하지 않은 사이였으나 그날만은 왁
자지껄하게 3시간이나 떠들었다.

　마쓰시타는 진귀품을 사들고 만족스럽게 돌아갔다. 1988년 12월
31일, 후지사와는 가족과 함께 전골요리를 먹고 있었다. 장녀 부부와
세 아들이 모여 단란하게 시간을 보낸 뒤 슬슬 끝내려고 할 때 후지
사와가 갑자기 '헉!' 하고 쓰러졌다. 의사 부부인 장녀와 사위가 인공
호흡을 했지만 허무하게도 심장발작으로 사망했다.

　후지사와가 죽자 혼다는 큰 충격을 받았다. 활동적인 혼다가 후지
사와 장례식 후에는 거의 돌아다니지 않았을 정도였다. 1월 도쿄에

서 후지사와의 장례식이 열렸다. 회사장으로 치러진 이날 장례위원 장은 혼다였다. 천막 아래 헌화를 기다리는 참배자들 앞에 놓인 대형 스피커에선 장중한 바그너의 교향곡이 흘러나왔다. 본당 안에서는 승려들의 장중한 독경 소리가 울려 퍼졌다. 바그너와 독경에, 무신론 자인 혼다 소이치로가 장례위원장을 맡았다. 이상한 장례식 풍경이 었다.

혼다는 화려하지 않은 코트를 입고 있었고 눈은 빨갛게 충혈되어 있었다.

"후지사와 다케오가 없었다면 오늘날의 나도, 혼다도 존재하지 않 았을 것입니다. 지금 내가 혼자 남게 되어 슬픔으로 가득합니다. 타 오를 만큼 타올랐기에 우리 둘은 행복했습니다. 둘이 함께할 때는 추 억을 이야기하기보다 늘 미래를 꿈꾸었습니다."

회사에서 장례식을 열지 말라

2년 반 뒤 혼다 소이치로는 자는 듯이 편안하게 숨을 거두었다. 준텐 토 병원에 입원한 그는 매일 새벽 1시 반이나 2시쯤에 눈을 떴다.

'여보, 어깨 좀 빌려줘.'

옆에서 시중을 들고 있던 사치 부인의 어깨를 붙잡고 보행 연습을 하려는 것이었다. 링거 병을 한 손에 들고 다른 한 손으로 부인의 어깨에 매달려 병원 복도를 아주 천천히 걸었다. 이런 일이 10일 동안이나 계속됐다. '역시 당신 아니면 안 돼.'

걷는 연습을 한 지 10일째 되는 밤, 새벽 3시가 넘어도 이상하게 그는 눈을 뜨지 않았다.

"여보! 여보, 왜 그래요?"

"음……."

혼다 소이치로의 최후였다. 자는 것처럼 편안히 생을 마감한 것이다. 1991년 8월 5일 암 투병 중이던 혼다는 간부전증으로 입원해 있던 준텐토 병원에서 80살의 나이로 생애를 마감했다. 세계의 미디어가 그의 죽음을 보도했다. 미국 신문 《뉴욕타임스》는 1면에 추도 기사를 게재하고 '정부 방식에 따르지 않고 저항한 자동차 기술자이며, 전후의 황폐에서 세계 최첨단 기업을 만들어낸 경영자'라고 소개했다.

생전 혼다는 유언 대신 "회사장을 해서는 안 된다"고 말했다.

"내가 살아 있기 때문에 세상 사람들이 나에게 위대하다고 말해주지. 죽고 나면 개도, 고양이도, 인간도 모두 똑같아. 내가 죽으면, 살아 있는 사람들에게 폐를 끼치게 되니까 장례식 따위는 절대 해서는 안 된다. 장례식에 오는 사람들은 모두 자가용을 타고 올 테고, 그렇게 되면 이 근처는 교통이 마비되고 말아. 자동차 회사의 책임자라면 그런 일을 해서는 안 되지. 가능하다면 내 뼛가루를 비행기로 뿌려주면 좋겠지만, 그것은 법률상으로 불가능하다지?"

회사장을 대신할 '답례회'가 도쿄 본사와 사이타마, 스즈카 등 각 공장에서 개최됐다. 답례회에는 6만 2,000명이 찾아와 혼다를 추모했다. 이부카 마사루는 소식을 접하고 "장례식도 빈소도 마다하셨다. 이 세상에 많은 것을 남긴 그에게 가장 최후로 감동받은 대사건"이라고 신문에 논평을 실었다. 답례회장을 찾은 이부카는 집으로 돌아가던 길에 행선지를 되돌려서 혼다와 소니가 공동 개발한 소형발전기 앞에서 한동안 우두커니 서서 이렇게 얘기했다.

"어둑어둑한 대장간에서 아버지와 제자는 땀투성이가 되어 쇠망치를 두드렸지. 고온의 불은 빨갛지 않았어. 파란 불꽃이 알몸에 가까운 땀투성이의 몸을 비추었지. 나이가 들수록 그런 아버지의 모습을 존경하는 마음으로 가끔 떠올리곤 해."

마을에 처음으로 나타난 자동차에 홀딱 반해 포장되지 않은 산길을 흙먼지를 피우며 달리는 차를 따라가 가솔린 냄새를 킁킁 맡았던 꼬마 소년. 그는 아버지처럼 새로운 것을 만드는 기쁨으로 평생을 보냈다. 그를 통해 많은 사람들은 장인정신을 떠올리고 있다.

이 나 모 리 가 즈 오

이나모리의 기업가 정신이 없었다면 오늘의 교세라는 없었을 것이다.

그는 열정적으로 도전했고, 도발적으로 일했다.

때문에 사람들은 그를 '살아 있는 경영의 신'이라고 부르고 있다.

'살아 있는 경영의 신',
적자 항공에 날개를 달다

이나모리 가즈오는 한때 박지성의 소속팀이었던 교토퍼플상가 프로 축구팀을 지원하고 있다. 일본에서 J리그가 출범하기 직전, 이나모리는 프로 축구팀을 지원해달라는 제안을 받았다. 사실 이나모리는 축구의 '축'자도 모를 만큼 축구를 좋아하지 않았다.

당시만 해도 일본의 최고 인기 스포츠는 프로 야구였다. 프로 축구가 창설되더라도 젊은이들이 좋아할지도 의문이었다. 게다가 교토는 스포츠와 그리 인연이 깊은 곳도 아니었다. 인근 오사카만 해도 한신 타이거스 같은 프로 야구단이 있었지만, 교토에는 프로 야구단도 없었다.

그러나 교토 시민들은 프로 축구단 설립을 간절히 바랐다. 체육회 인사들은 25만 시민의 서명을 받아 이나모리에게 가져왔다.

교토 시민을 위해 축구단을 만들다

'교토에는 프로 팀이 없다. 교토의 젊은이들이 열광할 수 있는 무엇인가가 필요하다.'

결국 이나모리는 프로 축구단 지원을 약속하게 된다. 교세라는 교토퍼플상가의 메인 스폰서가 됐다. 같은 교토 기업인 닌텐도 등과 함께 출자하기로 하고, 자본금 18억 엔 가운데 10억 엔을 교세라가 맡기로 했다. 막상 J리그가 출범하자 폭발적인 인기를 끌었다. 이나모리는 교토퍼플상가 홈경기가 열릴 때마다 자주 경기를 보러 갔다. 이기면 좋아서 어쩔 줄 몰랐지만 지면 분해서 참을 수 없었다. "회사 경영이라면 어떻게 해보겠지만, 축구만은 생각대로 되지 않았다"고 말하기도 했다.

종교에 귀의하다

경영인 이나모리가 한때는 종교인 이나모리가 된 적도 있다. 1997년 9월 그는 교토의 한 사찰에서 출가의식을 치렀다. 그는 '다이와'라는 법명까지 받았다. 그는 종교인으로 변신한 이유를 이렇게 설명했다. "나는 인생이 80년 정도라고 여겼다. 태어나서 20년은 사회 진출을 위한 준비 기간, 다음 40년은 사회와 자기계발을 위해 일하는 기간, 마지막 20년은 죽음을 준비하는 기간이라고 생각했다." 그는 죽음을 준비하기 위한 20년을 맞기 위해 종교에 귀의할 생각이었다. 한 스님에게 그 문제를 상의했다. 스님은 "삭발하고 출가하십시오. 그 후에 다시 사회로 돌아가 공헌할 수도 있을 것입니다." 물론 그의 출가에는 개인적인 문제도 있었다. 그해 1월 건강진단을 받았다. 위에서 이상이 발견됐다. 위암이었다. 위의 3분의 2를 잘라냈다. 수술이 끝나고서도 그는 한참 동안 물 몇 모금만으로 식사를 대신해야 했다.

차츰 호전되어 미음을 먹었는데, 갑자기 손에 진땀이 날 정도로 큰 고통이 시작됐다. 다시 검진을 받으니 위와 장의 봉합 부분에서 미음이 새어나온 것이었다. 만약 미음을 많이 먹었다면 복막염까지 일으켜 큰일이 났을지도 모른다고 의사는 말했다. 완전히 치유된 몸은 아니지만 무리를 해서라도 가능한 빨리 출가를 하고 싶었다. 그는 주주총회에서 교세라와 DDI 회장직에서 물러나 출가 수행한다고 발표했다. 늦더위가 한창인 그해 9월 가족과 친척들이 지켜보는 가운데 드디어 출가의식을 열었다. 11월에는 절에서 수행을 한 적도 있었다. 초겨울 추운 새벽 3시에 기상, 밤 11시에 취침하는 생활이 이어졌다. 식사도 '1즙 1채소'로 소박한 죽과 뭇국 한 그릇이 전부였다. 위를 잘라낸 뒤여서 그것조차 다 먹을 수 없었다. '일어나 다다미 반 장, 누워 한 장'이라는 좌선 삼매경을 체험했다.

수술을 한 몸으로는 하기 어려운 수행이었다. '탁발'도 했다. 탁발은 어두운 남색 무명옷에 삿갓, 맨발에 짚신 차림으로 신도의 집을 찾는 것이다. 문 앞에서 경문을 읽고 어깨에 걸친 바랑에 신도가 보시하는 쌀을 받았다. 짚신 밖으로 삐져나온 발가락이 아스팔트 지면에 스쳐 피가 흥건해진 적도 있다. 할 수 없이 지팡이에 중심을 실어 걸으면 팔이 아파왔다. 어두워질 무렵 무거운 바랑을 늘어뜨리고 지친 발걸음으로 걷고 있는데, 길에 떨어진 낙엽을 쓸고 있던 한 부인이 다가왔다. "힘드시죠? 이걸로 빵이라도 사 드세요."

100엔짜리 동전이었다. 그것을 받았을 때 이나모리는 형언할 수 없을 정도로 행복해서 눈물이 나오려 했다. 그 부인은 결코 풍요로운 생활을 하는 것 같아 보이지 않았다. 부인의 아름답고도 고운 마음은 이나모리가 그때까지 느껴보지 못했던 신선한 충격이었다. 그는 전신에 퍼져 나가는 행복감을 느꼈다.

NTT에 맞설 연합군을 조직하다

애초 일본 정부는 민영화를 위해 공룡기업 NTT를 분할한다고 밝혔다. 장거리전화 회사와 지역전화 회사로 분리해 공정한 경쟁을 유도한다는 게 그 뼈대였다. 그러나 정부와 여당은 NTT의 막강한 로비를 받아 이 계획을 무산시켜버렸다. NTT를 지주회사로 만들어 장거리 전화 회사와 지역전화 회사를 거느릴 수 있도록 했다. 오히려 독립적으로 경영해온 휴대폰 서비스 업체인 NTT도코모를 산하에 거느리게 했고, 국제통신 서비스도 할 수 있도록 해주었다.

정부는 공룡 NTT를 분리해 민간과 경쟁을 시키기는커녕 '공룡 이상의 공룡'으로 NTT를 독점 기업으로 만들어버린 것이다. 결국 민간 통신 기업들은 새로운 대책을 찾지 않을 수 없었다. 공룡과 맞서 싸우려면 그에 맞게 덩치를 키울 수밖에 없었다.

NTT에 대항하는 세력끼리 힘을 합쳐야 했다. 그러기 위해선 여기저기 분산돼 있던 민간 기업들이 한데 모여야 했다. 인수합병(M&A)이었다. 위기감을 느낀 이나모리는 M&A에 시동을 건다. 국제전화와 시외전화 사업에서 NTT에 대항하기 위해 국제전신전화주식회사(KDD)와 접촉을 해야만 했다. 휴대전화 사업에서도 힘을 키워야 했다. 한때 서비스 지역을 놓고 싸웠던 일본이동통신(IDO)과 협상할 필요가 있었다.

그동안 KDD는 일본에서 국제전화 사업을 하고 있었는데, NTT가 국제전화사업에 뛰어들 움직임을 보이자 위기감을 느꼈다. 양측은 M&A 협상을 벌였지만 좀체 진도가 나가지 않았다. KDD는 일본에서 국제전화를 처음 시작했다는 자긍심으로 스스로를 지나치게 과대평가했다. 특히 KDD는 합병 뒤에도 회사 이름을 KDD로 하자고 요구했다.

"DDI는 설립된 지 15년밖에 안 됐죠? 미국의 AT&T, 영국의 브리티시텔레콤(BT), 일본의 KDD라고 부를 정도로 우리는 기술력을 세계적으로 인정받고 있습니다. 합병 뒤에도 반드시 KDD 브랜드가 돼야 합니다."

IDO의 최대 주주는 도요타자동차였다. 도요타자동차는 협상의 선결조건으로 대등한 입장에서 협상할 것을 요구했다. 즉 경영권을 공동으로 가져가기 위한 선제 조건이었던 것이다. 이에 이나모리는 대등한 합병에 반대한다고 선을 그었다.

이나모리는 대등한 합병으로 잘된 기업은 한 번도 보지 못했다고 말했다. 일본에서 있었던 은행 간 합병은 대부분 경영권을 누구도 일방적으로 확보하지 않은 대등 합병이었는데, 자리 나눠 먹기만 있었고 책임 경영은 없었다는 점을 지적했다.

그는 협상을 할 때마다 "일본의 정보통신산업을 건전하게 발전시키려면 무엇보다 NTT에 대항할 수 있는 세력을 만들지 않으면 안 된다. 이를 위해 이기심을 버리고 대의를 위해 뜻을 합치자"라는 말을 했다. 한 기업의 이해에 집착하지 말고 대의에 따르자는 것이었다. 통신업계는 변화가 급격하기 때문에 신속한 의사결정이 불가피했다.

밀고 당기기가 이어지다가 드디어 역사적인 합병이 이뤄졌다.

IDO, KDD, IDO 등 통신 3사는 2000년 4월 1일 합병 계약서에 조인한다고 밝혔다. 새 회사 이름은 KDDI였다.

이나모리가 3년에 걸쳐 끈질기게 교섭한 결과, 과거에 없던 역사적인 합병이 완수된 것이다. 합병 충격은 엄청났다. 언론은 NTT에 대항할 축이 실현돼 통신업계는 NTT와 KDDI의 2강 구도가 될 것이라고 보도했다.

이리듐 사업에 나섰으나 실패로 끝나다

이나모리가 통신사업에서 모두 성공한 것은 아니었다. 이리듐 사업에선 톡톡한 수업료를 지불했다. 1991년 5월 모토로라의 로버트 갈빈 회장이 교세라 본사를 찾았다. 이리듐 계획에 협력해주었으면 좋겠다는 것이다. 77기의 통신위성을 쏘아 올려, 전 세계와 실시간으로 통화할 수 있는 휴대전화 네트워크를 만드는 프로젝트였다. 당시 모토로라는 전 세계에서 투자자를 모으고 있었다.

교세라는 오래 전부터 모토로라에 전자부품을 납품하고 있었다. 휴대전화 사업을 개시할 때 모토로라 방식을 도입했기 때문에 갈빈 회장과는 이전에도 가끔 만났다. 이나모리는 처음 얘기를 들었을 때 그 가능성에 머리를 갸우뚱했다.

하지만 위성을 이용해 휴대 단말기로 통신할 수 있게 되면 통신 인 프라가 정비되지 않은 개발도상국 등에서 효과적으로 활용할 수 있 다고 여겨 흔쾌히 응했다.

1993년 4월 DDI와 교세라를 중심으로 소니, 세콤, 우시오전기 등 이 출자해 일본이리듐이 설립됐다. 유럽이나 중동, 인도, 러시아 등지 에서 잇따라 회사가 만들어졌다. 1998년 11월 서비스가 시작됐다. 통신시설이 없는 산악지대, 사막, 외딴 섬, 휴대전화가 통하지 않던 선박, 소형비행기 등에서도 활용할 수 있는 서비스였다.

그러나 시장의 반응은 차가웠다. 서비스 개시 9개월 만에 사업은 파탄을 맞이했다. 휴대전화의 급격한 보급, 서비스 가격 하락을 예측 할 수 없었던 점이 실패의 원인이었다.

파산된 JAL의 수장이 되다

"일본항공(JAL)은 그동안 관료적 경영을 해왔다. 앞으로는 비즈니스 마인드로 무장한 체질로 바꿔놓겠다."

2010년 2월 1일 이나모리 가즈오가 JAL 신임 회장 취임 기자회 견에서 밝힌 일성이다. 이나모리는 '하늘의 일본'으로 불리는 일본의 대표적인 공기업 JAL이 파산 위기에 처해 법정관리 수순을 밟고 있는 상황에서 구원투수로 나섰다.

일본 총리의 간곡한 부탁을 거절하지 못하고 적자로 망가진 JAL을 회생시키기 위해 회장직을 받아들였다. 이나모리는 '국가에 대한 마지막 봉사의 기회'라며 무보수 봉사를 자임했다. 그는 JAL의 회생에 강한 자신감을 드러냈다.

"항공 분야에는 전혀 경험이 없는 초보자다. 하지만 '수입을 늘리고 비용을 줄인다'는 기업 경영의 기본 원칙은 제조업과 다를 게 없다. JAL을 반드시 되살릴 수 있을 것으로 믿는다."

JAL의 부채 총액은 2조 3,221억 엔으로 자산보다 부채가 8,700억 엔이나 많았다. 자본이 완전 잠식된 것으로 사실상 파산 상태였다. 일본의 대형 항공사가 경영난을 견디지 못하고 법정관리를 신청한 것은 JAL이 처음이었다. 일본의 자존심으로 여겨졌던 JAL이 경영 파탄으로 법정관리를 신청한 것은 뿌리 깊게 박힌 공기업 체질을 벗어나지 못했기 때문이다.

1951년 설립돼 일본을 대표하는 국적 항공사이자 아시아 최대 항공사였던 JAL이 몰락한 원인은 무엇이었을까. 일본 경제가 1990년대 주가·집값 폭락으로 '잃어버린 10년'을 경험하면서 JAL에 위기가 찾아왔다. 이후 2001년 9·11 테러와 이라크전, 사스(Sars, 급성 호흡기증후군)로 항공 여행 수요가 위축되면서 경영난이 가중됐다. 결정타는 2008년 글로벌 금융시장의 붕괴, 세계 경기 침체로 여행 수요가 감소했고 엎친 데 덮친 격으로 신종플루가 확산돼 항공 여행 수요가 격감했다.

게다가 국내선도 상황이 좋지 않았다 일본 2위 항공사인 전일본공수(ANA)는 물론 고속철인 신칸센과의 경쟁이 심화돼 JAL의 항공기 탑승률은 지속적으로 내려갔다. JAL의 국내선 탑승률은 6년 연속 65퍼센트를 밑돌았다.

항공 수요 감소는 JAL만의 문제는 아니었다. 그럼에도 JAL이 유독 경영난에 빠진 것은 방만한 경영 때문이었다. 과거 자민당 정권은 지역 주민들의 표를 의식해 JAL이 채산성 없는 지방 공항에도 취항하도록 강요했다.

JAL은 국토교통성 관료 출신을 부사장에 앉히는 해묵은 관행까지 있을 정도로 조직 내 낙하산 인사 문제가 심각했다. 경영진에 관료 출신 낙하산 인사가 투입됐고 경영 실적은 고려하지 않고 퇴직자들은 두둑한 연금을 챙겼다.

JAL은 1987년 완전 민영화됐지만 껍데기만 민영화일 뿐이었다. 금융회사들도 정부가 뒤에 버티고 있는 JAL이 망하기야 하겠느냐며 묻지마 대출을 해주었다. JAL의 부실은 관료주의에 사로잡힌 정부와 무능한 경영진, 금융회사, 경영진의 방만한 경영과 '모럴 해저드(도덕적 해이)'의 합작품이라고 할 수 있다.

위기에서 JAL을 구해내다

JAL은 전체 인력 가운데 3분의 1인 1만 6,500명을 정리해고하고, 국제선 29개와 국내선 30개 노선을 감축했다. 하지만 일본정책투자은행, 미즈호은행 등 채권은행들은 적자를 내고 있는 미주와 유럽 노선을 대부분 폐지하고 사실상 아시아에 특화하는 항공사로 탈바꿈할 것을 요구했다.

이나모리는《월스트리트저널》과의 인터뷰에서 일본 관료들을 향해 직격탄을 날렸다. 그는 "낙하산 인사로 JAL 경영진이 된 전직 관료들이 JAL을 공기업처럼 방만하게 운영하면서 모든 문제가 발생했다"고 비판했다.

"낙하산으로 망가진 회사를 내 손으로 반드시 살리겠다"며 JAL 회생에 강한 의지를 피력했다. 이나모리는 회장에 오른 뒤 비행기 노선과 인원을 대폭 줄여 비용 절감에 착수했다. 수지 타산이 맞지 않는 노선에 비행기를 띄우며 조직의 덩치를 불리는 데 집착한 끝에 회사를 망쳤다는 반성에서다.

그는 구조조정 강도를 더욱 높이라는 채권단의 압박에 대해 "현재 추진 중인 구조조정 계획 외에 어떤 추가 감원이나 노선 축소도 하지 않을 것"이라고 맞섰다.

그는 "JAL의 회생은 단순히 회사 하나 죽이고 살리는 차원이 아니라 일본의 자존심이 달려 있는 중대한 문제"라며 "정부와 채권단에선 좀 더 극적인 구조조정을 원하고 있지만 JAL의 위상을 지키려면 원래 예정된 구조조정 수순을 따르는 게 최선이라고 본다"고 밝혔다.

이나모리가 노력한 결과 2010년 JAL의 영업이익은 1,460억 엔으로 사상 최고치를 기록했다. 객실 승무원에게 청소까지 맡기는 등 피말리는 비용 절감 노력도 어느 정도 효과를 거뒀다. 80살의 이나모리는 일본의 자존심이라는 JAL을 회생시키기 위해 다시 한 번 도전하고 있다.

도전의 삶을 살고 있는 이나모리 가즈오

사실 그의 인생은 도전의 역사 그 자체다. 규수 남단 가고시마의 가난한 집 아들로 태어나 폐결핵으로 고생하기도 했고 두 차례의 중학교 낙방, 한 차례의 대학 낙방을 딛고 일어섰다. 취직은 뜻대로 되지 않았다.

그런 끝없는 도전 덕분에 이나모리는 죽지 않았다. 그는 국내 시장 대신 미국 시장을 개척했고 해외 시장에서 신용을 얻어 일본 시장을 뚫는 우회 전략으로 단단한 진입장벽을 한 번에 뚫어버렸다. 아마베 경영, 카르마 경영 등 독창적인 조직 관리를 통해 창업 당시 초심으로 돌아가 전 사원에게 경영자 역할을 하게 만들었다. 세계적인 기업으로 키워가는 도중에 개인적으로 힘든 고통을 이겨냈던 이나모리 가즈오. 그의 기업가 정신이 없었다면 오늘의 교세라는 없었을 것이다. 그는 열정적으로 도전했고, 도발적으로 일했다. 때문에 사람들은 그를 '살아 있는 경영의 신'이라고 부르고 있다.

경영철학을
배워라

꿈을 향한 도전. 혼다의 경영철학인 '혼다이즘(Hondaism)'을 정확히 드러내는 말이다. 혼다는 그들만의 독창성과 기술력을 강력한 무기로 삼고 있다. 혼다이즘은 지금까지 경영학뿐만 아니라 이공계, 제조업계의 신화로 여겨지고 있다. 혼다는 독자적인 기술로 엔진을 개발해 오토바이 분야에서 착실히 성장했다. 이렇게 쌓인 기술은 자연스레 자동차에 접목돼 짧은 기간 동안 괄목할 만한 성장을 일궈냈다. 현재 혼다는 하이브리드카, 태양광 자동차 등 새로운 분야에 진출할 때 독자 기술을 활용하고 있다.

　외국 기술과 합작으로 자동차나 오토바이를 개발하던 다른 회사와 달리 독자 기술만을 고집한 혼다는 오토바이부터 시작해 차근차근 기술적인 노하우를 쌓아갔다. 시계와 같은 정밀함과 아이디어가 넘쳐흐르는 혼다의 완벽한 엔진은 세계로부터 극찬을 받았다.

혼다이즘(Hondaism)이란

'기술의 혼다'라고 불리는 원천에는 혼다 소이치로의 기술에 대한 사랑과 열정이 숨어 있다. 혼다는 일본 국민의 사랑을 한 몸에 받는 경영자였지만 진짜 그를 잘 아는 사람은 그를 기술자로 불렀다. 물론 그 자신도 자신을 기술자라고 늘 생각했다. 기술에 대한 사랑과 열정으로 그가 꿈꿔왔던 많은 일을 현실로 바꿔놨기 때문이다.

혼다에서는 지금까지 연구소나 개발을 담당하던 사람들이 사장에 취임했는데, 이 또한 혼다만의 자랑이다. 아무리 똑똑하고 뛰어난 인재라도 실제로 현장에서 경험을 해보지 못한 사람은 사장에 오를 수 없는 시스템을 갖춰놓은 것이다. 최고경영자가 창업자의 정신을 계승해 끊임없이 도전한다는 점이 경쟁사와 다른 점이다.

혼다의 슬로건은 '꿈의 힘(The Power Of The Dream)'으로 기술과 창조, 글로벌화를 강조한다. 창업 이래 끊임없이 이어져 내려온 '꿈'의 싹을 무럭무럭 틔워가며 '현실'로 창조해냈다.

어린 시절 혼다의 꿈은 '하늘을 나는 것'이었다. 혼다 오토바이의 로고에 날개가 달려 있는 이유다. 이 로고에는 '당신의 날개'라는 의

미와 함께 혼다 소이치로의 꿈이 담겨 있다. 혼다 기술연구소는 이미 개발을 완료한 소형 비즈니스 제트기인 '혼다제트'의 판매와 생산에 나선 상태다. 혼다 소이치로의 꿈이 이뤄진 것이다. 혼다의 사업 방향과는 전혀 관계없었지만, 젊은 직원들의 도전정신을 장려하는 창업주의 정신을 이어받아 후임 사장들이 이룬 성취였다.

혼다 소이치로는 자신의 혈육을 끝내 기업으로 불러들이지 않았다. 구멍가게도 세습이 일상화한 일본의 풍토에서 여간 돋보이는 고집이 아니었다. 자신의 혈육이 아닌 열정과 노력으로 함께 꿈을 향해서 일한 직원들에게 혼다를 맡긴 것이다. 그 뒤 경영에는 단 한 번도 간섭을 하지 않았으며 후임자의 취임식장에도 참석하지 않았다.

혼다의 경영철학은 세 가지로 꼽을 수 있다. 첫째, 남의 흉내를 내지 마라. 둘째, 관공서에 의지하지 마라. 셋째, 세계를 겨냥하라. 여기에 '만들면서 즐겁고, 팔아서 즐거우며, 사서 즐겁다'는 세 가지 즐거움이 더해진다. '본업에 전념한다'는 사훈을 내세워 정치권과는 교류를 거부한 것도 혼다의 고집이었다.

그는 매년 전 사원을 대상으로 기술 경연을 펼쳤다. 기술에 관심 있는 사원들은 자신이 만든 제품을 출시했다. 한 직원이 제대로 된

제품을 만들어서 출품했다. 그 제품은 시장에 접목시키면 돈이 될 만한 가치 있는 것으로 평가받았다. 그러나 혼다는 그 작품을 뽑지 않고 오히려 그 젊은 직원에게 쓴소리를 했다.

"젊은 사람이 타성에 젖어서 돈벌이가 될 상품을 만들 것이 아니라 도전적이고 창의적이고 젊은이다운 것을 만들라."

혼다는 상품가치가 없더라도 상상을 초월하는 작품을 출시한 직원에게 상을 주었다.

꿈에 대한 그의 열정은 지금도 고스란히 기업문화로 자리 잡고 있으며 혼다만의 정신으로 이어져 내려오고 있다. 이런 혼다이즘이 세계에서 200만 대의 차를 생산하고 괄목할 성장을 이룰 수 있었던 원동력이 됐다.

마쓰시타이즘(Matsusitaism)이란
· ·

마쓰시타전기가 파나소닉으로 바뀌면서 마쓰시타의 신화는 끝났을까? 그렇지 않다. '마쓰시타이즘(Matsusitaism)'은 여전히 살아 있다.

사명 변경에도 그의 경영철학은 여전히 살아 숨 쉬고 있다. 2008년 실시된 설문조사에서 일본의 CEO들은 가장 존경하는 최고경영자로 마쓰시타 고노스케를 꼽았다. 일본 어머니들은 자식들에게 늘 '고노스케를 배우라'고 가르친다. '고노스케 팬'이라는 말이 있을 정도로 일본 국민들의 사랑과 존경을 받고 있다. 마쓰시타 고노스케는 지난 2000년 《아사히신문》의 밀레니엄 특집 설문조사에서 '과거 천 년간 일본 최고의 경제인' 1위로 뽑히기도 했다.

마쓰시타의 경영 방식은 대다수 일본 기업의 관행으로 정착되며 엄청난 파급효과를 가져왔다. 서구 기업들은 마쓰시타 경영 방식이 자기네가 만들어낸 경영 방식과 다르다는 점에서 '일본형 경영'이라고 부르며 1970년대 후반 이후 10여 년 동안 일본형 경영의 강점을 배우려고 애쓰기도 했다.

마쓰시타의 경영은 여전히 유효하다. 지금도 세계 초일류 기업의 경영 방식에는 그가 강조한 노사 협력, 인재 중시, 고용 보장 등 일본형 경영의 냄새가 물씬 풍기는 요소를 적지 않게 발견할 수 있다.

초등학교 중퇴, 그의 학력의 전부다. 그는 점원에서 시작해 22살 때 스스로 전기회사를 차렸다. 그 뒤 종업원에게 경영 실태를 모두 공개하는 유리창 경영, 사업부제, 주5일제 근무 등 그의 독특한 경영 이념과 탁월한 통찰력으로 570개의 국내외 기업과 20여만 명의 사원을 거느린 세계적인 대기업으로 일궈놓았다. 그에게 어느 날 한 직원이 물었다.

"회장님은 어떻게 이처럼 큰 성공을 하셨습니까?"

마쓰시타는 자신이 세 가지 하늘의 큰 은혜를 입고 태어났다고 답했다. 세 가지 큰 은혜란 가난한 것, 허약한 것, 못 배운 것이다.

그 소리를 듣고 깜짝 놀란 직원이 "아니, 이 세상의 불행이란 불행은 모두 갖고 태어나셨는데 오히려 그런 것을 하늘의 은혜라고 하시니 도저히 이해할 수 없습니다"라고 말했다. 그러자 그는 이렇게 말했다.

"첫째, 나는 가난 속에서 태어났기 때문에 어릴 때부터 구두닦이, 신문팔이 등 많은 세상 경험을 쌓을 수 있었다. 둘째, 약하게 태어났기 때문에 건강의 소중함을 일찍 깨달아 몸을 아끼고 건강에 힘썼다. 그래서 늙어서도 건강할 수 있었다. 셋째, 초등학교 4학년 때 중퇴했기 때문에 항상 이 세상 모든 사람을 나의 스승으로 받들어 배우는 데 노력했고, 많은 지식과 상식을 얻을 수 있었다. 나를 이만큼 성장시키기 위해 하늘이 불행한 환경을 내게 준 것이라 생각하고 감사하고 있다."

일본 국민들은 마쓰시타를 보며 "나도 노력하면 마쓰시타처럼 성공할 수 있다"는 꿈을 꿀 수 있었다. 그는 계열사를 많이 만들었지만 건설이나 백화점 등 문어발 경영에는 나서지 않았다. 오로지 전기, 가전제품 등 한 분야만 고집스럽게 집중했다. 또한 "땅장사로 돈벌이 하는 기업은 기업인으로 낙제"라며 땅 투기에 손대지 않았다. 다만 좋은 제품을 싼값에 파는 것으로 승부했다.

마쓰시타의 성공 비결은 인재 경영과 현장 위주의 공격적인 시장 개척으로 압축할 수 있다. 그는 기업가가 하지 말아야 할 것으로 여러 가지 사업을 벌이지 말 것, 탈세하지 말 것, 부동산 투기를 하지 말 것을 강조했다.

그는 가족주의에 입각한 직원친화 경영을 펼쳤다. 그로 인해 전후 일본 노동시장의 특징인 종신고용, 기업 내 노조 등에 입각한 '일본식 경영'을 창시한 인물로 평가를 받았다. 또 유통망을 확보해 강력한 판매 조직을 만들기도 했다. 1949년부터 판매 대리점의 전국 네트워크를 만들고 대리점의 영업을 도와줌으로써 대리점과 본사 사이에 신뢰를 쌓아갔다. 대리점의 성장이 본사의 성장으로 이어지면서 소비자들이 마쓰시타에 보내는 신뢰 기반 역시 더욱 강해졌다. '마쓰시타 제품이라면' 하는 믿음을 준 것이다.

이나모리즘(Inamorism)이란

교세라의 성공 신화는 '이나모리즘(Inamorism)'으로 요약된다. 이나모리즘은 일을 통해 영혼을 닦고 마음과 인격을 연마한다는 것으로, 한평생 구도자의 길처럼 기업 경영의 길을 걸어오게 한 원동력이었다. 이는 세계 최고의 전자부품 회사인 교세라와 거대 전기통신회사 KDDI를 키운 비법이기도 하다. 여기에는 이나모리 가즈오의 확고한 기업 이념과 철학, 미래를 읽는 능력, 결단력이 배어 있다.

교세라 직원들은 '교세라 철학'과 '교세라 회계학' 수첩을 갖고 다닌다. 여기에 담은 경쟁력이 바로 교세라 성장의 원천이 됐다. 첫 번째 수첩인 교세라 철학은 일과 사람, 조직, 리더십 등을 포함해 창업자의 경영철학을 담고 있다. '교세라 회계학' 수첩에는 회계에 대한 기초 정보가 적혀 있다.

일본 경영자들과 경제계는 극심한 불황을 타개하기 위한 해결책으로 이나모리즘을 첫손에 꼽고 있으며, 학계 역시 이나모리즘 연구가 한창이다. 1959년 자본금 300만 엔으로 출발한 영세 회사. 그러나 연평균 이익률 20퍼센트, 연평균 매출액 27퍼센트 증가, 최고수익률 42퍼센트, 버블 붕괴로 대형도산이 잇따를 때조차 매출액 대비 경상이익률 13.4퍼센트를 달성했다. 창업 이래 단 한 번도 적자를 내지 않았다.

2008년에 이룬 영업이익률 10.1퍼센트는 경제 불황이 한창이던 일본에서 놀라운 성과였다. 경제 불황으로 허덕이는 일본인들에게 이나모리즘이 경제 위기를 극복하는 가장 중요한 키포인트로 평가받고 있는 이유다.

포스코경영연구소(POSRI)는 지난 2007년 '일본의 3대 기업가'라는 보고서에서 "일본 제조업의 경쟁력을 일본의 독특한 문화와 연관해 설명하기도 하지만 이보다는 3대 기업가의 경영철학에 대한 이해가 실마리를 제공할 수 있다"며 세 사람을 분석했다. 이들은 회사의 비전과 핵심 가치를 제시하면서 임직원이 공유할 수 있도록 힘쓰고, 직원에 대한 신뢰를 바탕으로 책임과 권한을 이양하면서, 기업의 사회적 사명을 강조하는 일본식 기업경영의 전형을 제시했다는 것이다. 실제로 마쓰시타 고노스케는 브랜드 개념이 희박하던 1927년에 '내셔널'이라는 브랜드를 도입하고 1933년 세계 처음으로 제품 중심의 사업부제를 도입, 일본식 경영을 강조했다.

자율경영의 상징으로 여겨지는 혼다 소이치로는 직원의 개성과 창의성을 존중해 오늘날 '기술의 혼다'를 이끌어냈다.

세 사람 중 유일하게 생존해 있는 이나모리 회장은 기업의 사회적 책임을 강조하면서 아메바 경영으로 회사의 수익을 극대화했다.

서비스 산업 비중이 높아지면서 선진국의 제조업 비중이 10퍼센트 대로 감소했지만, 일본이 20퍼센트 대의 제조업 비중을 유지할 수 있는 것은 이들 경영의 신이 이룩해놓은 일본의 독특한 기업문화에 있다.

참고 도서

가지와라 가즈아키, 『네뜻대로 살아라』, 고려원, 1993.5

권혁기, 『마쓰시타 고노스케 일본이 낳은 경영의 신』, 살림, 2009.1

기타 야스토시, 『동행이인』, 21세기북스, 2009.1

기타오카 도시아키, 『발상과 창조의 거인 혼다』, 21세기북스, 1992.9

김낙훈, 『한 · 중 · 일 중소기업열전』, 삼성경제연구소, 2009.11

김태진, 『혼다, 우리는 꿈의 힘을 믿는다』, YBM-sisa, 2004.10

닛케이벤처, 『경영의 맞수』, 비즈니스북스, 2010.6

마쓰시타 고노스케, 『경영의 마음가짐』, 청림출판, 2007.2

마쓰시타 고노스케, 『길을 열다』, 청림출판, 2009.4

마쓰시타 고노스케, 『사업의 마음가짐』, 청림출판, 2007.2

마쓰시타 고노스케, 『사원의 마음가짐』, 청림출판, 2007.2

마쓰시타 고노스케, 『영원한 청춘』, 거름, 2003.7

마쓰시타 고노스케, 『 위기를 기회로』, 청림출판, 20010.1

문원택 · 이준호 · 김원석, 『헨리포드에서 정주영까지』, 한언, 1999.3

서정익, 『일본근대경제사』, 혜안, 2003.8

서정익, 『전시일본경제사』, 혜안, 2008.8

스에마쓰 지히로, 『교토식 경영』, 아라크네, 2008.9

스튜어트 크레이너, 『75가지 위대한 결정』, 더난출판, 2001.2

야스다 신지, 『기술로 일으킨 기업, 인간으로 남은 기업가』, 친구, 1992.10

양준호, 『교토 기업의 글로벌 경쟁력』, 삼성경제연구소, 2008.4

이나모리 가즈오, 『아메바 경영』, 예문, 2007.4

이나모리 가즈오, 『이나모리 가즈오에게 경영을 묻다』, 비즈니스북스, 2009.5

이나모리 가즈오, 『이익이 없으면 회사가 아니다』, 서돌, 2009.5

이나모리 가즈오, 『카르마 경영』, 서돌, 2005.9

이나모리 가즈오, 『회계 경영』, 다산북스, 2010.8

이나모리 가즈오, 『CEO to CEO』, 한국경제신문, 2003.2

이나모리 가즈오, 『소호카의 꿈』, 선암사, 2006.8

이나모리 가즈오, 『왜 일하는가』, 서돌, 2010.3

이나모리 가즈오, 『이나모리 가즈오 도전자』, 서돌, 20010.11

이나모리 가즈오, 『좌절하지 않는 한 꿈은 이루어진다』, 더난출판, 2011.5

이부타 마사루, 『나의 벗 혼다소이치로』, 삶과꿈, 1993.3

최인한, 『일본기업 재발견』, 중앙경제평론사, 2012.7

혼다 소이치로, 『좋아하는 일에 미쳐라』, 부표, 2006.9

홍하상, 『오사카 상인들』, 효형출판, 2004.1

홍하상, 『일본의 상도』, 창해, 2009.8

후지사와 다케오, 『경영에는 끝이 없다』, 지안사, 1993.1

히로세 다카시, 『제1권력』, 프로메테우스출판사, 2010.3

〈경영의 신〉 연보

년도	세계사 · 한국사	경영의 신		
		미국	일본	한국
1835		**앤드류 카네기** 출생		
1837		**JP모건** 출생		
1839		**존 D. 록펠러** 출생		
1845	아일랜드 감자대기근			
1848		**카네기** 미국 이민		
1849		**카네기** 전신국 취직		
1853		**카네기** 피츠버그철도 취직		
1854	미일 화친조약 체결			
1855		**록펠러** 고교 자퇴		
1860	링컨 제16대 미 대통령 당선			
1861	미국 남북전쟁 발발			
1862		**카네기** 키스톤 교량회사 창업		
1863	고종 즉위	헨리 포드 출생		
1865	미국 남북전쟁 종전			
1866	병인양요			
1867		**카네기** 유니언제철소 창업		
1868	일본 메이지유신			
1869	미국 대륙횡단철도 개설			

년도	세계사 · 한국사	경영의 신		
		미국	일본	한국
1870		록펠러 스탠더드오일 설립		
1871	신미양요			
1873	금융대공황 발발			
1875		카네기 에드거 톰슨공장 설립		
1876	강화도 조약 체결			
1879		포드 자동차 직공으로 취업		
1881		카네기 도서관 건립 시작		
1882		록펠러 트러스트 결성		
1886	시카고 헤이마켓 사건			
1889		록펠러 시카고대 기부		
1890	미국 셔먼 독점금지법 제정			
1891		카네기홀 개관		
1892		록펠러 트러스트 해산 홈스테드 학살사태 발발 카네기 철강 트러스트 결성		
1894	조선 동학운동 발발 갑오개혁		마쓰시타 고노스케 출생	
1900		카네기멜론대 설립		
1901		카네기 모건에 회사 매각		
1902		카네기협회 창설		
1903		포드 포드자동차 창업		
1904		『스탠더드오일의 역사』 발간	마쓰시타 고용살이 시작	

년도	세계사 · 한국사	경영의 신		
		미국	일본	한국
1906			혼다 소이치로 출생	
1907				구인회 출생
1908		포드 T형 모델 생산		
1910	한일합방		마쓰시타 오사카전등 입사	이병철 출생
1911		카네기재단 창립		
1913		록펠러재단 설립		
1914	1차 세계대전 발발	포드 일급 5달러 발표		
1915				정주영 출생
1917	미국 1차대전 참전 러시아 혁명		마쓰시타 개량소켓 개발	
1918	1차대전 종전			
1919		카네기 타계		
1922			혼다 아트상사 취업	
1923	도쿄 대지진 발생			
1927		포드 18만대 판매로 세계1위 등극	마쓰시타 내셔널 브랜드 개발	
1929	세계대공황 발발		마쓰시타 마쓰시타제작소 창업	
1931	만주사변 발발			정주영 가출 시작 구인회 구인회상점 개점
1932		포드 GM에 1위 내줌	이나모리 가즈오 출생	
1933	루즈벨트 뉴딜정책 시행 히틀러 집권		혼다 자동차 서비스센터 개점	구인회 토지 담보로 8천원 대출
1934				정주영 쌀가게 복흥상회 취직
1936				이병철 협동정미소 창업

년도	세계사 · 한국사	경영의 신		
		미국	일본	한국
1937	중일전쟁 발발	**록펠러** 타계	**혼다** 도카이세이키 창업	**이병철** 중일전쟁으로 토지사업 정산
1938				**이병철** 삼성상회 창립 **정주영** 경일상회 창립
1939	2차 세계대전 발발			
1940				**정주영** 아도서비스 창업
1941	일본 진주만 공습			
1943		**에드셀 포드** 사망		
1945	2차 대전 종전 8·15 광복	헨리포드 2세 취임		**정주영** 홀동광업소 사직 **구인회** 조선흥업 창업
1946				**정주영** 현대자동차공업사 창업 **구인회** 토지 매도한 뒤 부산 진출
1947		**포드** 타계		**정주영** 현대토건사 창업
1948			**혼다** 혼다기연공업 창업	**이병철** 삼성물산 창업 **구인회** 락희화학 창업
1949	중국 공산화			
1950	토지개혁 완료 한국전쟁 발발			**정주영** 현대건설 사장 취임
1952			**마쓰시타** 필립스와 제휴	**구인회** 플라스틱 빗 생산
1953	1차 통화 개혁			**이병철** 제일제당 창업 **정주영** 고령교 공사 착공
1954				**이병철** 제일모직 창업
1957				**정주영** 한강인도교 공사 착공
1958				**구인회** 금성사 창업
1959			**이나모리** 교토세라믹 창업	
1960	4·19 혁명 베트남전 발발			

년도	세계사 · 한국사	경영의 신		
		미국	일본	한국
1961	5·16 군사쿠데타		**마쓰시타** 마쓰시타그룹 회장 취임	**이병철** 전경련 초대회장 취임
1962	1차 경제개발 5개년 계획 실시 2차 통화개혁			**정주영** 단양시멘트공장 착공
1964	도쿄 올림픽 개최 한국군 베트남 파병		**마쓰시타** 영업본부장 취임	**이병철** 한국비료 사장 취임
1965	한일 국교 정상화			**이병철** 중앙일보 창간
1966				**구인회** 호남정유 제2정유사로 선정
1967				**정주영** 현대자동차 설립 **이병철** 한국비료 국가 헌납
1968				**정주영** 경부고속도로 공사 착공 및 포드와 손잡고 '코티나' 생산
1969	닉슨 독트린 발표			**구인회** 타계 **이병철** 삼성전자 설립
1970	경부고속도로 개통			
1973	1차 오일쇼크 한국, 포항제철 준공		**혼타** 은퇴 선언	
1974				**정주영** 현대조선 설립
1975	베트남전 종전			
1976				**정주영** 포니 생산 주베일 항만 공사 수주
1977				**정주영** 전경련 회장 취임 (~1987)
1978	2차 오일쇼크			
1979	박정희 사망 12·12 쿠데타 발발			
1980	광주민주화운동 전개		**마쓰시타** 정경숙 설립	
1981				**정주영** 올림픽 유치위원장 피선
1983				**이병철** 반도체 진출 선언

년도	세계사 · 한국사	경영의 신		
		미국	일본	한국
1984			**이나모리** 다이니덴딘 설립	**정주영** 현대전자 설립
1985	자동차 보유대수 100만 대 돌파			
1987				**이병철** 타계 **정주영** 현대그룹 명예회장 취임
1988	서울올림픽 개최			
1989	베를린 장벽 붕괴		**마쓰시타** 타계	**정주영** 소련 방문
1991	소련 붕괴 걸프전쟁 발발		**혼다** 타계	
1992				**정주영** 14대 국회의원 당선 대통령 선거 출마
1993	금융실명제 실시			**정주영** 국회의원직 사퇴
1996	한국 OECD 29번 국가로 가입 및 1인당 국민소득 1만 달러 돌파			
1997	한국, 550억 달러 IMF 긴급자금 수혈		**이나모리** 교세라명예회장 취임	
1998	한국, 55개 퇴출기업 및 5개 은행 퇴출 발표			**정주영** 소떼몰이 방북
1999				
2000	김대중 대통령 김정일 위원장 회동			
2001	9·11 테러 발생			**정주영** 타계
2002	한일 월드컵 개최			
2005			**이나모리** 불가에 입문	
2007	글로벌금융위기 발발			
2010	한미FTA 수정안 타결		**이나모리** 일본항공 회장 취임	

경영의 신 2 : 한 방울까지 혼을 담아라

초판 1쇄 발행 2013년 2월 25일
초판 3쇄 발행 2013년 4월 29일

지은이 정혁준
펴낸이 김선식

Design creator 황정민
Marketing creator 이주화

1ˢᵗ Creative Story Dept. 황정민, 한보라, 박지아, 변민아
Creative Marketing Dept. 이주화, 원종필, 백미숙
        Public Relation Team 서선행
        Communication Team 김선준, 박혜원, 전아름
        Contents Rights Team 김미영
Creative Management Team 김성자, 송현주, 권송이, 윤이경, 김민아, 한선미

펴낸곳 다산북스
주소 경기도 파주시 회동길 37-14 3, 4층
전화 02-702-1724(기획편집) 02-6217-1726(마케팅) 02-704-1724(경영지원)
팩스 02-703-2219
이메일 dasanbooks@hanmail.net
홈페이지 www.dasanbooks.com
출판등록 2005년 12월 23일 제313-2005-00277호

필름 출력 (주)현문
종이 월드페이퍼(주)
인쇄 · 제본 (주)현문

ISBN 978-89-6370-968-0 (04320)
       978-89-6370-930-7 (세트)